JN281511

なぜ株価は値上がるのか？

相場のプロが教える「利食いと損切りの極意」

矢口新＝著

Pan Rolling

はじめに

皆さんの周りで「株で儲けた」という話が増えてきたことと思います。

２００３年４月に大底をつけた日経平均やＴＯＰＩＸは、２００６年９月の時点で、約２倍になりました。個別銘柄のなかには、その２〜３年で数倍に値上がりしたものも珍しくありません。また、ＩＰＯへの応募も、儲かる確率が高いということで、ちょっとしたブームになりました。

そういった「おいしい話」を身近に聞く機会が増えてくると、自分にも儲けられるチャンスはないものかと心が揺れ動いてしまうのは自然の成り行きです。なにしろ、その期間に預貯金は、ほとんど金利を産まなかったのですから。

一方で「投資」や「投機」という言葉に、いまだに抵抗のある方々もいらっしゃることでしょう。しかし、日本の「物づくりの国」としての成熟度、少子高齢化という社会的な成熟度を見ていると、投資や投機は私たちの生活に、より一層身近な

※下欄では、本文中の専門用語を中心に、投資家・投機家として知っておきたい用語の解説をしています。基礎知識の確認にもなりますので、ぜひご利用ください。

ものになってくると思われます。
このあたりで本気になって「株式」というものを一から学んでみるのはいかがでしょうか。

株価変動の本質

また、株式投資のベテランの方々であっても、投資と投機の違いや、リスク管理について、もう一度本書で復習していただきたいと願っています。

「株価が上げ下げするのは、なぜ?」

こういったことを本気で考えてみたことがあるでしょうか? 人間、年を取り、社会での経験もいっぱしになってくると、いまさら基本を学ぶことなどちゃんちゃら可笑しくもあり、気恥ずかしくもあることでしょう。
でも、ご安心ください。百戦錬磨のプロのディーラーも、高名なエコノミストも「なぜ、株価が値上がるのか?」を満足に説明できる人はほとんどいません。私自

【日経平均= Nikkei225】 日経 225。日経平均株価。日経ダウ平均。東京証券取引所第 1 部上場銘柄のうち、市場を代表する 225 銘柄を対象とした株価指数。

身も、いろいろな書物を読み、さまざまな国籍の諸先輩方に尋ねたものです。しかし、ついぞ満足な答えには行き当たりませんでした。

とはいえ、私は人より「ねちっこい」性格だったのでしょうか。ディーリングという自分の売買のなかから「価格変動の本質」を見つけ出し、その仮説を1990年に出版した最初の著書で世に問いました。本書では59ページから解説している部分です。

思えば、一介のディーラーが大層なことをしたものです。しかし、その仮説は私が知るかぎり、証明も否定もされていません。

私は現場たたき上げです。ですから、それは学問的には無視される内容なのかもしれません。ところが、実際に売り買いをしていると、その仮説は相場の理解に非常に役立っているのです。

私は1988年ごろから、相場のすべての動きにその仮説を当てはめています。相場観も、リスク管理も、なにもかも、本書で紹介されている「価格変動の本質」をベースに組み立ててきました。

やはり現場は現場です。私の書いたものをもっとも認めてくれているのは、プロのディーラーや自分で売買している人たちです。本書は「株式投資でいかにリター

【TOPIX（トピックス）＝Tokyo Stock Price Index】東証株価指数の通称。東京証券取引所第1部全銘柄の時価総額を基準時（1968年1月4日の終値の時価総額を100）と比較することで市場全体の株価の動きを知ろうとするもの。株式市場全体の資産価値の変化を通じて株価の変動をみようとするもの。

ンを上げるか」を追い求めている方々のための本なのです。

本書の構成

しかし「そうか、大事なのは価格変動の本質か」と、いきなり59ページに進まないでください。より理解を深めていただくためにイントロ部分を用意しました。

第1章では「なぜ株価は動くのか」を解き明かし、株価の変動要因を「構造的（継続的）」「投機的（目先的）」に分類して解説をしています。

第2章では株式市場で注目すべき材料を説明し、「投資勘定（余裕資金など）」と「投機勘定（信用取引など）」に分けて対応の仕方を述べました。

第3章は株式入門者の素朴な質問というかたちで、前の二つの章で触れられなかったところや、復習として理解を深めていただきたいところを埋めています。

第1～3章は初心者の方々にも分かりやすく理解していただくため、証券会社のトレーニー（研修生）と先輩ディーラーとの対話形式で進めました。初心者の方が疑問に思うかもしれないような点をトレーニーの口から先輩ディーラーに質問させています。ベテランの方でも、新しい発見があることでしょう。

【IPO = Initial Public Offering】株式会社の創業者など特定の株主が、不特定多数の投資家からの資金調達が目的で、株式を証券市場に公開すること。一般の人が自由に売買できるようになる。

市場動向を伝えるために引用した新聞記事は、２００２年に出版された本書のオリジナル版『値上がる株に投資しろ』では実際の日付を用いました。しかし、もともとXデーの記事で十分でしたので、改訂版では２０XX年の記事としています。日付は気にしないでください。

第４章は実際に資金を運用するときに最も重要な点「リスク管理」の大切さを説いています。

私たちが投資理論を学んだり材料を吟味したりするのは、自分の行動に筋道をつけ、確信を持つためです。そうすれば仮に間違っていたとしても、自分の行動の跡を分析して、再チャレンジができます。

何度か間違うかもしれません。しかし、そのたびに何かをつかみ、上達することができるのです。そのためには自分で納得して行動する必要があります。本書の第１～４章は、価格変動の性質を理解し、結果として取る自分の行動に納得してもらうために書きました。

とはいえ、いかに理論武装をしても、どのように自分の行動に納得していても、

【応募】新規公開株や新発債券に買い注文をいれること。

儲けることができなければ話になりません。リターンが読めなければリスクを取る意味がないと言えます。自己満足で楽しむだけならば、他にいくらでも安価な手段があるでしょう。

そこで第5章では「実用的なテクニカル分析の利用法」について述べました。さらに第6章では「ならば値上がる株をどのようにして見つけるのか?」を具体的に述べています。

なお、分かりにくい専門用語については『相場力アップドリル【株式編】』(パンローリング・2005年)に用いた用語集を中心に脚注をつけました。

基本を学ぶのは上達への近道です。また、基本に立ち返るのはスランプ脱出のための有効な方法です。自分で売り買いしないエコノミストやアナリスト(彼らは相場ではなく、経済や企業分析の専門家なのです)はともかく、百戦錬磨のプロのディーラーたちは、うまく説明できない職人気質の人でも、基本に忠実な身のこなしをしています。

私はより多くの方々に、私が言うところの基本を理解していただき、株式市場で起きていることの知識を深めていただきたいと思っています。そして他人事であっ

【テクニカル分析＝Technical Analysis】チャートなどで過去の価格や出来高の推移を分析し、将来の価格を予測する手法。

た「おいしい話」を身近なことにしてもらいたいのです。また、そういった知識があれば「元本保証で高利回り」などといった、あり得ない手口の詐欺にかかることもなくなります。

株式投資は株価の未来を予測します。「明日を読む」ことだと言えます。明日を読んでリスクを取ることは、明日を信じることでもあります。リスクはうまく取りさえすれば、必ず見返りをくれるのです。

本書の出版にあたっては、パンローリングの後藤康徳社長、編集の世良敬明氏、両氏の多大なるご協力を得ました。ここに感謝の意を表します。

矢口　新

【相場力＝Market Skill】「そうばぢから」。筆者の造語。相場を読む力。相場での値動きに対応する力。相場での収益力

目次

はじめに ― 1
株価変動の本質 ― 2
本書の構成 ― 4

第1章　株価を動かす要因を知る ― 17

1. 何が株価を動かすの？ ― 18
株価急落の日 ― 19
下落要因を記事から探る ― 23

2. 株価を動かす要因 ― 30

株式市場の誕生 31
株式投資の本質 35
各要因を分析する 36

3．構造的な要因、投機的な要因 49

各要因を構造的に理解する 50

4．相場を動かす構造的な要因 59

相場を上げる条件 63
相場を下げる条件 66

5．投資と投機 69

投機は悪か？ 73
実需筋と投機筋 79

第2章　株式市場で注目すべき材料――87

トレンドラインと投機筋――88

1．企業業績――94

サプライズ――102

2．社会的評判――105

3．投資家動向――107

出来高――110

バブルは崩壊する――119

4．景気動向――125

5．金利――129

金利と株価の関係――131

6. 財政 134
7. 為替レート 139
8. 原油価格 144
原油高の影響 148
9. 国際情勢 151
10. 国内政局 153

第3章 株式入門者の素朴な疑問 155

株式市場の存在意義 157
分散投資の極意 159
動かないことにもリスクがある 163

損は誰にでも出る ―― 165
高勝率は破滅パターンのひとつ？ ―― 167
バリュー株とグロース株の違い ―― 171
物言う株主 ―― 174
多様な価値観 ―― 176
相場は小さな判断の連続 ―― 180
信用取引ってなぜあるの？ ―― 184
元本保証で高利回り ―― 185
アノマリーって何？ ―― 188
株式分割は値上がりの材料？ ―― 189
外国人の持ち株比率は意味があるの？ ―― 190
どうして夜間取引ができるの？ ―― 192

相場の極意――195

第4章 リスクマネジメント――197

1．リスクは避けるものではなく、うまく管理すべきもの――198
リスクの管理――202
2．姿を消したスーパーディーラー――204
3．市民権を得た「損切りの徹底」――209
4．評価損は実現損よりも性質が悪い――212
5．損は出るもの。そして、損は切るもの――215
6．勝負は潮の流れに乗れているときに行うもの――220

第5章 テクニカル分析の利用 —— 223

チャートの有用性 —— 224

1.「素」のチャート=ローソク足とバーチャート —— 227

2. トレンドライン —— 230

3. 移動平均線 —— 233

4. オシレーター系のテクニカル指標 —— 238

5. 一目均衡表 —— 241

6. パラボリック —— 245

7. ボリンジャーバンド —— 247

8. 新値足、かぎ足、ポイントアンドフィギア —— 251

9.「素」のチャートとテクニカル指標の使い分け —— 255

第6章　値上がる株の見つけ方 ―― 261

1．銘柄検索 ―― 262

他人任せの銘柄選択 ―― 262

自分で行う銘柄選択 ―― 264

出来高に注目する ―― 265

投資か、投機か ―― 268

2．チャート分析 ―― 273

スペック（仕手、材料株）の兆候を示すチャートの形状 ―― 273

パニックの兆候を示すチャートの形状 ―― 280

天底確認を暗示するチャートの形状 ―― 289

3. 勝負は利食いでつく —— 290

あとがき——踏み出すところからすべては始まる —— 292

第1章

株価を動かす要因を知る

1．何が株価を動かすの？

株式市場の動向は毎日の新聞で、あるいはお昼や夕方のテレビのニュースで報道されています。しかし、どれだけの人がそのニュースの意味するところを正確に理解できているでしょうか。例えば、業績予想の上方修正を好感して株が買われたというニュースと、上方修正にもかかわらず株が売られたというニュース、両者をどのように受け止めればよいのでしょうか。

株式市場を動かす要因には、長期間にわたって株価に影響を与え得る「構造的な要因」と「目先だけ」の売り買いの材料とがあります。法人や個人が株式投資で扱っている資金にも、長期的な視野を持った「投資勘定」と、目先のキャピタルゲインを目論んだ「投機勘定」とがあります。

この二つのものを区別して理解することなしには、相場というものの実像は見えません。したがって株価の予測なども当てようがないのです。

【キャピタルゲイン＝Capital Gain】 売買益。安く買ったものを高く売る、あるいは高く売ったものを安く買い戻して得た利益。キャピタルロスは売買損。

本章では、トレーニー（研修生）が先輩ディーラーに質問する物語形式で、株価を動かす要因を説明していきます。続く第２章も同じ対話形式で、株式市場で注目すべき材料を解説しました。楽しみながら知識を増やしていただければと思っています。

株価急落の日

来春に卒業し、外資系の証券会社に勤めることになった舞子。彼女はまだX月だというのに、すでにアルバイトの研修生としてオフィスに通い始めている。港区にある高層オフィスは眺めも良く、行き帰りの通りも華やか。まだ卒業もしていないのに、いっぱしのキャリアウーマンを気取りたくなる。

昨年、別の外資系証券に入社した先輩は、入社後1カ月くらいは毎晩、飲み会に誘われたと言っていた。麻布、赤坂、六本木。おしゃれな店をはしごして、すべて先輩社員たちのおごり。ちょっと危ない目にもあったけど、まあいいか、と思えるような相手だったとも……。

【ファンダメンタルズ分析＝Fundamentals Analysis】ファンダメンタルズとは基本、原理の意味。経済成長、物価、国際収支、失業率など経済の基礎的条件に基づく分析。

舞子もそのつもりでいた。ところが、どこか何となく様子が違う。入った会社が暗いのか。配属された部署が厳しいのか……。みんな血相を変えていて、アルバイトの研修生など、まともに相手にしてはもらえないのだ。

それでも優しい先輩はいた。「テツ」と呼ばれる30歳前後の株式のディーラーだ。「稼ぎ頭」だと紹介はされたが、何をしているのかはよく分からない。


まごまごするうちに2週間近くが過ぎたその日は、特に酷かった。灰皿を壁に投げつける人。受話器をデスクで叩き折る人。もういやだ、こんな会社。証券会社はどこも同じ、こんな風なの？　それとも選んだ会社がまちがっていた？

デスクが与えられているのに、オフィスの殺伐とした雰囲気に、落ち着ける居場所がない。手持ち無沙汰にぼんやりと椅子に座っている舞子の前に、テツが夕刊を投げるように置いた。

「ここを読んでみて」

舞子は言われるままに、２０XX年X月13日の夕刊の記事を読んだ。

【ディーラー】トレーダーと基本的に同じ。しかし、個人のトレーダーはいるが、ディーラーはプロのみ。また、ディーリングルーム内で顧客相手に株や債券の営業をするセールストレーダーは、為替ではカスタマーディーラーと呼ばれることが多い。

【日経平均、一万四〇〇〇円割れ・下げ幅一時四五〇円超】

日米の株式市場が連鎖安の様相を強めている。十三日の東京株式市場はほぼ全面安となり、日経平均株価は一時年初来安値を下回り、二〇ＸＸ年Ｘ月以来の一万四〇〇〇円割れとなった。前日の米国市場で店頭株式市場（ナスダック）総合指数が二〇〇〇の大台を割り込むなど株価急落が波及している。日米ハイテク企業の業績鈍化観測が強まるなか、株安が一段と投資家心理を冷え込ませる展開になっている。日米の株安を受け、欧州やアジアの株式市場も不安定な動きとなってきた。

十三日の東京株式市場では日経平均株価が大幅続落。二〇ＸＸ年Ｘ月以来となる一万四〇〇〇円割れの水準まで下げた。前日比の下げ幅は一時四五〇円を超えた。午後一時現在の日経平均は前日比二三六円十七銭安の一万三九三五円二十銭。東証一部の売買代金は概算で九三〇八億円。

朝方からＮＴＴドコモやソニーなど情報通信関連やハイテクの主力株を中心にほぼ全面安の展開。証券会社自己売買部門の売りに加え、一部の事業会社や銀行などからも損失覚悟の売り注文が広がった模様だ。前日の米国市場では八イテク株にとどまらず、大型優良株にも値下がり銘柄が多かった。東京市場でも比較的値を保っていた内需関連株や中低位株にも値を下げる銘柄が目立っている。

十カ月ぶりに二〇〇日移動平均線を下回り、株式相場は下値の目安を見失った状態に陥っている、加えて米国株式相場が下値模索の様相を強めていることで、株式市場には弱気心理が改めて広がっている。市場では「株式相場が落ち着きを取り戻すには米国市場の持ち直しと国内政局の安定が必要」(宮武信彰・JTI証券投資情報部長)との声が聞かれた。

期末を控えていることもあり、積極的に買いに動く投資家の姿はみられない。「米株の動向の見極めがつくまで取りあえずは静観している」(大竹敏夫・DWEBアセットマネジメント取締役)という。

東証一部の全銘柄の時価総額の動きを示す東証株価指数(TOPIX)も昨年来安値を下回る水準で推移。午後一時現在では前日比二九・一三ポイント安の一四〇五・八五。

「君も知っているとは思うけど、株が暴落しているんだ。その新聞、持って帰っていいから、何が株価を動かすのか、明日までに考えてきて」

それだけ言うと、テツは慌てたように小走りに自分の席に戻っていった。

「そうかあ、株価がそんなに下がっているのか。どおりでみんなピリピリしているわけだ」

英語ができるというだけで、そしてちょっとあか抜けた感じがするというだけで、外資系証券を選んだ舞子である。今日のオフィスが慌ただしい理由さえ知らずにいたが、いよいよ現実に直面することになった。とにかく今夜は、まっすぐ家に帰って、テツの宿題を解かなければならない。

下落要因を記事から探る

家に帰った舞子は「何が株価を動かすのか……」と、ブツブツつぶやきながら、マーカーを手に、夕刊をていねいに読んでみた。

日本株の下落は……

【時価総額＝Market Value】 株価に上場株式数を掛けたもの。いわば会社の値段で、理論的には時価総額を出せば、その会社を買うことができる。市場全体の時価総額は上場企業の時価総額のすべてを合計する。

①前日の米国市場、ことに店頭株式市場（ナスダック）総合指数の下落に大きな影響を受けているらしい……

「ふむふむ、アメリカ株が売られると、日本株も売られると」

②日米ハイテク企業の業績鈍化観測が強まることと……

「そうかあ、業績が鈍化すると売られるんだ。分かる、分かる」

③株安が、④投資家心理を冷え込ませている……

「投資家心理か……」

⑤欧州やアジアにも連鎖安が起こっている……

「アメリカが売られると日本が売られて、結局は世界中が売られるということかな？」

⑥証券会社自己売買部門の売りに加え、一部の事業会社や銀行などからも損失覚悟の売り注文が広がった……

【ナスダック総合指数＝Nasdaq Composite Index】アメリカの店頭株式市場上場の約3,200社の時価総額加重指数。ハイテクなどのベンチャー企業が資金調達を行っている。主な企業にマイクロソフト、インテル、アップル・コンピューターなどがある。

「うーん、よく分からないなあ」

⑦10カ月ぶりに200日移動平均線を下回り、株式相場は下値の目安を見失った状態に陥っている……

「これは、どういうことだろう？」

⑧米国株式相場が再び下値模索の様相を強めている……

「これは①と同じかな？」

⑨株式市場には弱気心理が改めて広がっている……

「これも④と同じ……と」

翌朝、舞子は早く起きると昨日の株式市場がどのように書かれているのか、昨夜マークを入れた夕刊を並べて、朝刊をチェックしてみた。思えば、新聞の経済面をまじめに読むのさえ初めてのような気がする。

【ダウ工業株30種平均＝Dow Jones Industrial Average】ダウ・ジョーンズ社選定のアメリカを代表する30社（ニューヨーク証券取引所とナスダック店頭株式市場に上場）の株価加重平均。主な企業にGE、エクソン・モービル、マイクロソフトなどがあり、ブルーチップ（Blue-Chip Stock＝優良株）とも呼ばれる。

日米欧など世界の主要市場で連鎖的な株安が進行している。十三日の東京株式市場では日経平均株価が大幅続落し、一万四〇〇〇円を割り込んで年初来の安値となった。アジア、欧州の株式市場でも株価の下げが目立っている。十三日のニューヨーク市場では米店頭株式市場（ナスダック）総合指数が反発して始まったものの、株安の悪循環に歯止めがかからないようだと、成長鈍化懸念が出始めた世界経済の先行きに一層不透明感が広がることになりそうだ。

十三日の日経平均の終値は前日比三五一円六七銭安の一万三八一一九円七〇銭。二日連日で年初来安値を更新した。東証第一部の時価総額の動きを示す東証株価指数（TOPIX）は同三五・四〇ポイント安の一三九九・五八と、これも年初来安値をつけた。売買代金は約一兆六四〇〇億円。

前日の米株式市場でナスダック総合指数が二〇〇〇の大台を割り込み、ダウ工業株三十種平均が急落したことが直接の売り材料。日米の主力ハイテク企業の収益悪化が進むとの見通しが広がり、ハイテク、通信、銀行株などが売られ、

【終値＝ Closing Rate】引値。取引時間終了時の価格。

ほぼ全面安の展開となった。前期末からの日経平均の下げ幅は三〇〇〇円を超えており、下落ピッチの速さに対する警戒感は強い。政局不透明感を嫌気する空気も強く、市場の弱気心理にブレーキがかかりにくくなっている。
株安はアジアにも波及。十三日の香港市場では米連銀が再利上げを行うとの観測も広がってハンセン指数が一年四カ月ぶりの安値をつけ、韓国、シンガポールの株価も下落した。
日経平均が一万四〇〇〇円を下回ってきたことで、一部の銀行が決算期末に保有株の損失処理を余儀なくされる可能性が強まっており、金融機関や企業経営への影響を懸念する声も出ている。世界的な株価の連鎖安が企業の投資心理や消費マインドの冷え込みに拍車をかける恐れも強まっている。

舞子は二つの記事をまとめて、日本株を動かす要因を箇条書きにした。

【米連銀】米連邦準備銀行。ニューヨーク連銀など 12 の地方連銀があり、米国の中央銀行に相当する米連邦準備制度理事会（FRB）に統括されている。連邦公開市場委員会（FOMC）を通して、公定歩合やフェドファンド金利の誘導、預金準備率の変更や公開市場操作などの決定をする。

【メモ】日本株下落の要因

①前日の米国市場、特に店頭株式市場（ナスダック）総合指数の下落に大きな影響を受けていること。

②日米ハイテク企業の業績鈍化観測が強まっていること。

③10カ月ぶりに200日移動平均線を下回ったことで、株式相場は下値の目安を見失った状態に陥り、米国株式相場も再び下値模索の様相を強めていること。

④政局不透明感を嫌気する空気。

⑤先にあげた②、③、④によって、株式市場には投資家の弱気心理が改めて広がっていること。

⑥証券会社自己売買部門の売りに加え、一部の事業会社や銀行などからも損失覚悟の売り注文が広がった模様。

「日本株が下げた要因はこんなところかな」

と言いながら、舞子はさらに気になる箇所を書き写した。

【フェドファンド金利】 FF レート。米国の銀行間市場の金利。政策金利として位置づけられる。

・香港市場では米連銀が再利上げを行うとの観測も広がって、ハンセン指数が1年4カ月ぶりの安値。
・その株安が今度は、金融機関や企業経営に悪い影響を与え、世界的な株価の連鎖安が企業の投資心理や消費マインドの冷え込みに拍車をかけるという悪循環。
・日本株が下げ止まるには、米国市場が持ち直すことと、国内政局の安定が必要。
・また期末を控えて動けない、あるいは「一部の銀行が決算期末に保有株の損失処理を余儀なくされる可能性が強まっているので、金融機関や企業経営への影響を懸念する声も出ている」とあることから、期末を越える必要があることも察せられる。

「こんなもんかな？」
舞子はメモを新聞にはさんでバッグに入れた。

【ハンセン指数＝Hang Seng Index（恒生指数）】 香港証券取引所上場の時価総額の大きな33社の時価総額加重指数。

2. 株価を動かす要因

出社した舞子は、午前中コピー機の用紙を補充したり、インクを取り替えたりなどの雑用に追われた。昼休みになって、午前中の取引を終えたテツが舞子のデスクにやってきた。

「舞子さん、世界で最初に株式市場ができたのは、どこだか知っている?」

「ええと……ニューヨークですか?」

株式市場といえばウォールストリートかなと、舞子はあてずっぽうを言った。

「アメリカは新大陸だから、もっと後。ベルギーのアントワープが最初なんだ。そこに株式市場ができて、貿易商人たちの資金調達が容易になったからこそ、アメリカ大陸の発見が早まった可能性すらある」

「ベルギーですか……。その『資金調達が容易になった』というのは、どういうことですか?」

【アントワープ取引所】 1531年築の建物が焼失し、建築家ジョス・スカッデによって1868～72年、ネオ・ゴシック様式に改築された。現在では多目的ホールになっている。

少し前まで英文科の学生だった舞子には、株式や株式市場についての知識がほとんどなかった。

株式市場の誕生

「ベルギーといっても、株式市場を創設したのはイギリスの貿易商人たちだ。アントワープに株式市場ができたのは１４６０年だけど、その7年前までその辺り一帯はイギリス領だったからね。

14世紀後半からイギリスとフランスは百年戦争を戦い、１４５３年にイギリス軍はカレーから追い出されて大陸での拠点を失った。ちなみにカレーよりも西のフランス北部の海岸沿いは、今でもノルマンジー州やブリタニー州といって、かつてのイギリス領の名残を残している。

イギリス軍が追い出されても、イギリス商人たちは英仏海峡の両側で頑張っていた。アントワープは英仏海峡と運河でつながっていて、貿易の拠点としても栄えていたんだ。

15世紀半ばのちょうどそのころ、大きな船団を組み、遠洋まで出かけていく貿易

【新株発行＝ Capitalization Issue】株式会社は会社設立時ほか、設立後にも株式を発行できる。そのうち資金調達目的の株式発行を「通常の新株発行」と言う。通常の新株発行には次の３つがある。①株主割当、②第三者割当、③公募。

をもくろむ商人たちが、資本を持ち寄ってつくったのが合資会社だ。これが株式会社の前身にあたる。そしてこれが金融界に革命をもたらした。

それまで借金は、借りた人間の無限責任で、借金は最悪、命に代えても返さなければならないものだった。ところが、合資会社や株式会社に『法人』という別の人格を与えることによって、法人の債務は個人の債務と切り離された。つまり、法人という名の会社が、どんなに大きな借金をして倒産しようとも、出資者は自分が出資した金額以上の損害から免れるようになったわけだ。

これは今の株式投資にも受け継がれている。よく株式投資にリスクはつきものだと言われるけど、その最大のリスクは投資した金額をすべてなくすことだ。もちろんそれは大きなリスクだけど、投資額をコントロールしていれば、命にかかわるリスクじゃない。

今、総合商社の株式を買うことは、ちょうどそのころの貿易法人に出資することと本質的には同じだ。赤字続きで企業価値が下がり、出資金が運転資金などに消えていくと、株価の値下がりリスク、すなわち出資金を満額で回収できないリスクとなる。

しかし、ビジネスにも種まきの時期や、肥料を撒いたり、雑草を刈ったりする時

【株主割当】 既存の株主の持ち株数に応じて新株引受権を与える増資。
【第三者割当】 取引先や取引銀行、従業員など、その企業に何らかの関係のある特定の第三者に新株引受権を与える増資。

期がある。だから企業の資産が減っていても、大きな収穫の期待があれば、株価が下がらずにいることもあるんだ」

舞子は先ほどの質問を繰り返した。

「ええと、それが『資金調達が容易になった』ということですか？」

「そのとおり。当時、東方貿易に興味があっても、自分で長い航海に出かけたり、所有財産のすべてを失ったりするかもしれないようなリスクにしり込みしたと思う。でも、出資した分だけのリスクを負う代わりに、出資した分の分け前に預かりたいという人は大勢いただろう。だから出資金を集めること、つまり資金調達がはるかに容易になったんだ。

また、そういったビジネスに出資者たちを引き入れ、その権利を保証するために、会社の所有権が一定数の株式に分割されるようになった。株式会社の誕生だね。

さらに株式市場ができたことによって、所有権、つまり株式が売買できるようになった。これによって出資者は急な資金ニーズが起きたときに転売して資金を回収したり、あるいは株式を購入したときよりも高い価格で売却して売買差益を得たりすることができるようになったんだ。これが10年くらいの間にすべて起きてしまったんだから、すごい時代だよね。

【公募】 有償融資など、新株引受権を広く一般に与えるもの。募集。50 名以上の不特定の投資家に対し、新たに発行される有価証券の取得の申込を勧誘すること。

一方、会社が当初に資金調達、つまり株式を発行するときに、資金を提供できなかった投資家にも、株式市場で既存の株主から株式を購入することによって、どの時点からでも投資を始められるようになった。今の株式市場と変わらない。

ちなみに、持分に当たる英語を『equity』、分け前を『share』、株分けの株を『stock』と言った。三つとも今も株式を現している。株式市場は『stock exchange』つまり株式交換所だね」

「それで、アメリカ大陸の発見ですか?」

「大航海時代って聞いたことがあるよね。この幕開けが15世紀の後半で、株式会社、株式市場誕生の直後だから、無縁じゃないと思う。北西ヨーロッパで百年戦争という長い消耗戦が終わって、繁栄の時代が一気に花開いたんだ。おそらく当時のヨーロッパの街は、地中海沿岸やイベリア半島を含めて、貿易商人たちが持ち込んだアジア、アフリカ大陸の物珍しい物資にあふれて、人々は異国情緒にひたっていたんだと思うよ」

「うーん。なんかいいな」

舞子は時と空間を超えて、活気溢れる当時のヨーロッパの街を思い描いた。

【公募価格= Public Offering Price】 証券取引所や店頭市場に新規に公開する有価証券株式を投資家が購入するときの価格。公募(募集)のときの発行価格を公募価格、売り出しのときの発行価格を売出価格とも言う。

株式投資の本質

「株式市場での資金調達がなければ、日本への鉄砲伝来も約１００年後の織田信長の時代に間に合わなかったかもしれない。少し後にずれるだけでも、日本の歴史が変わっていただろうね。

　また、これが政治のシステムも変えていくんだ。貿易や植民地経営で得た巨額の富は、王家や有力貴族などに独占されずに、株主たちに出資額に応じて均等に配分されることになる。裕福で幅広い市民層の出現だ。彼らは後に君主と組んで、封建制を崩壊させ、さらには君主をも倒して民主主義の土台をつくった。

　基本的に株式市場は富の集中ではなく、分配に貢献するんだ。これまで地球上に存在したあらゆる他のシステムでは、富の分配は権力者の特権だった。けれども株式市場では、弱者でも自分の裁量で富の分配に預かることができるわけだ。

　それはともかく、ぼくが言いたいのは、株式会社がヨーロッパの植民地経営および貿易を支えるための資金調達の手段として誕生し、発展したように、『株式投資の本質はビジネスへの投資』ということなんだ。つまり、ビジネスを展開するため

【特殊な新株発行】「特殊な新株発行」には次の５つがある。①株式分割、②新株予約権付社債（CB）の新株予約権の行使、③株式の転換（優先株→普通株）、④合併、⑤株式交換。

の資金を欲する事業家に資金を提供して、その『分け前』に預かるものだと言える。

そして、その『分け前』とは、ビジネスの進展によって上がった企業価値の分配だ。企業価値が上がれば、つまり企業の資産が出資金以上になっていれば、株式は購入時よりも高く売ることができる。あるいは配当を受け取ることができる。

また、大航海時代の雇われ船長や船員が、船や船荷の所有者ではないのと同じで、株式会社の所有者はあくまで出資者たちだ。サラリーマン経営者や従業員ではないよね。株式会社は、ビジネスによって企業価値を高めることを約束してビジネスをするための資金を調達している。

株式会社は、あくまで事業を行うために別人格を持たせた入れ物にすぎないとも言えるね。もっとも、ひとたび人格を持たせてしまったら、それぞれの個性が出てくるものなんだけど……。

ところで、昨日の宿題やってきた？」

各要因を分析する

「はい、簡単に箇条書きにしてきました」

【ベンチマーク＝Benchimark】（1）債券の指標銘柄。（2）運用の目標基準、または対抗指標。運用実績を測定し、評価するための基準。日本株の場合は日経平均や TOPIX をベンチマークとすることが多く、投資信託の場合、その運用対象に対応したインデックスがベンチマークとなることが多い。

舞子はバッグから昨日まとめたメモを取り出し、テツに手渡した。

「この短い記事を読むだけでも、株価はいくつかの要因が組み合わさって動いていると分かるだろう？」

テツは舞子のメモに目を通しながら言った（26ページのメモ参照）。

前日の米国市場

「舞子さんが挙げている①の『前日の米国市場の影響』というのは、なにも株式市場だけには限らない。米金利の動向や、債券市場、商品市場、為替市場などの影響も受けるんだ。世界の経済はどの国もお互いに影響しあっているし、日本にはアメリカの影響が一番大きい。

また米国市場は時間的にも東京に先行しているからね。そして東京市場が引けた後に起こった出来事は、欧州や米国市場に反映されて東京に帰ってくる。

ここでナスダックが特に注目されているのは、グローバル化の進展とともに、ここ何年か日米とも同じようなシナリオで株を買うことができたからなんだ」

舞子は疑問に思ったことを口にしてみた。

「アメリカが日本よりも時間的に先行しているのですか？　日本のほうが先に一日

【為替＝Exchange】 手形や小切手によって貸借を決済する方法。離れた地域にいる債権者と債務者の間で貸借を決済する場合、遠隔地に現金を輸送する危険や不便を避けるために使われる。現金の輸送をすることなしで債権債務を決済すること。外国為替（Foreign Exchange）は決済が国境を越える場合をいう。

が始まりますよね？」

テツは意外なことを聞いたという顔をした。

「そうかぁ。一般の人はそう感じるんだ。でもね、一日は東のほうから始まって、西に移動していく。日本では一日は北海道から明けて、東京、沖縄へと移っていく。その北海道の先にアメリカがある。

カレンダーでの日付変更線がどこにあるかは問題じゃないんだ。つまり、東京の月曜日の前にはニューヨークの金曜日があって、東京はニューヨークの金曜日に起きたことと、週末に世界中で起きたことのすべてに反応する。そして地球は丸いから、東京の引け後に起こったことは、アジア、ヨーロッパ、アメリカと受け継がれて、すべて翌日の東京市場の寄り付き前のことになる。アメリカが時間的に先行していることになるんだ」

舞子の分かったような分からないような顔にはかまわずに、テツは説明を続けた。

企業業績観測

「いずれ分かるようになるよ。次にいくね。②の『日米ハイテク企業の業績鈍化観

【EPS = Earnings Per Share】 1株当たり利益。当期利益（税引後利益）を発行済み株式数で割ったもの。利益を1株当たりとすることで絶対利益の大きな大資本の会社と小資本の会社との利益率を比較しやすくしたもの。

測』は、もちろん株価を動かす大きな要因だ。そもそも株式市場とは事業家が事業を行うための資金調達（直接金融）の場なんだから、投資家が提供した資金がいかに有効に使われているかを表している『企業業績』に注目するのは当然だろう？

またの機会に説明するけど、ＥＰＳ（一株益）やＲＯＥ（株式資本利益率）といったものも、企業業績に注目した指標で、株価を予測するのにたいへん重要なものなんだ」

テクニカル要因

「③の『10カ月ぶりに２００日移動平均線を下回った』というのは『テクニカル分析』と呼ばれる要因だ。

テクニカル分析とは相場や株価の状態をあらわす技術指標のこと。チャートなど、過去から現在までの価格の忠実な記録をもとにしている。

株価が移動平均線を下回った事実は、それ自体は何も語っていない。でも、健康診断などのいろんなデータの推移や心電図が、その人の健康状態に警鐘を鳴らすことがあるだろう？　同じようにテクニカル分析では株価が移動平均線を下回ると、弱気のサインとなるんだ。

【ROE＝Rate On Equity】自己資本比率、株主資本利益率。当期純利益（税引後利益）を前期および当期の株主資本の平均値で割ったもの。株主資本を投資元本と考え、事業などで運用して１年間でどれだけのリターンをもたらしたか見る、企業経営の効率を測定する指標。

ちょっと、このロイターの記事を読んでごらん」

そう言うとテツは舞子のデスクに置かれているモニター・スクリーンを指差した。

Nasdaq's loss on Monday drove it almost 62 percent from its record high of 5,048.62.

「月曜の下げで、ナスダックは最高値から約62％下落したことになると書いてある。

この『62％』という数字がテクニカル分析を見る人間にとって意味のある数字なんだ。フィボナッチという数字の魔力に注目するテクニカル分析では61・8％という調整幅は、調整の終了を暗示する、あるいは少なくともいったんは下げ止まるという大きな節目とされている。

そういった場所では『バーゲンハンティング』と呼ばれる買いが出てくるんだ。


【ロイター＝Reuters】イギリスの通信社。金融情報サービスおよび機器に強み。

ここのブルームバーグの記事も読んでみて」

ロイター・スクリーンの隣にはブルームバーグのスクリーンが置かれ、チャートとニュースを映し出している。テツはひとつのニュースをクリックして、画面全体にニュースの本文を映し出した。

> U.S. stocks rallied, giving the Nasdaq Composite Index its biggest gain in two months, as investors bet a three-day drop left the fastest-growing technology companies inexpensive compared with their profit outlooks.

「この3日間の大幅下落のため、ハイテク株が収益見通しに比べて割安になったので、投資家の買い物が入り、ナスダックはこの2カ月で一番大きな反発をしたとあるよね。昨日のナスダックは91・40ポイント反発して、2014・78で引けている。4・8%のゲインだ。

【ブルームバーグ＝Bloomberg】 アメリカの金融情報サービス会社。機器も充実。Webページ（http://www.bloomberg.com/：無料）は2006年9月の時点で筆者の一押し。

フィボナッチ

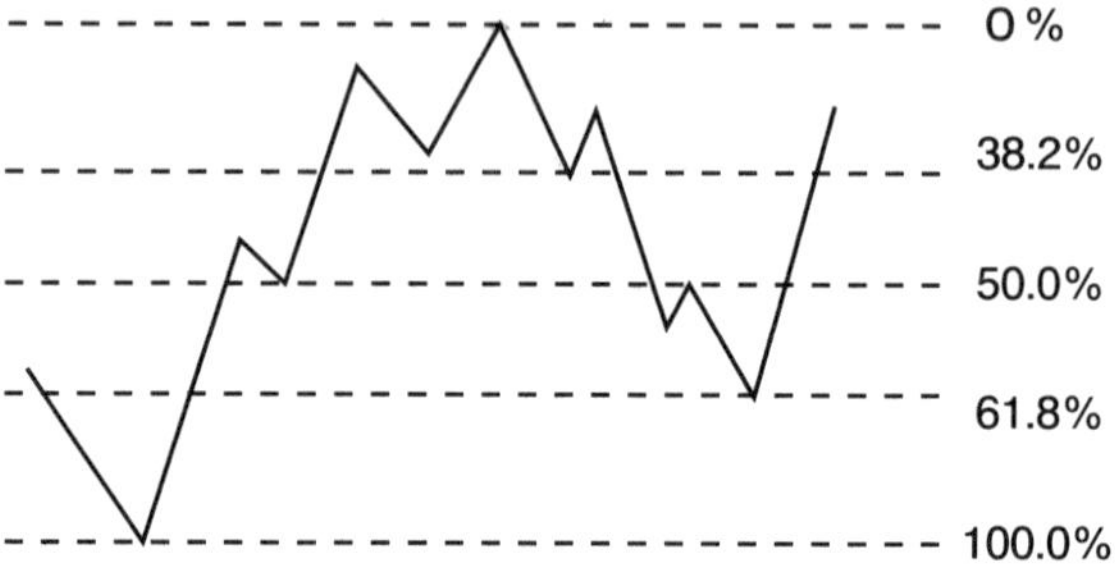

相場の押し・戻りの目安として、38.2%、50.0%、61.8%のフィボナッチは重要な指標となる

これらの記事では、どちらもテクニカル分析については触れていない。だけど、フィボナッチの数字は多くの投資家やトレーダーが見ているので、打診買いをしたり、空売りの買い戻しのきっかけなどにも使われるんだ」

そう言うとテツはナスダックの値動きの高値安値に、フィボナッチの38・2%、50%、61・8%の3本の横線が入ったチャートをスクリーン上に描き出した。なるほど、チャートで見ると株価は61・8%の横線に当たって大きく反発している（**上図参照**）。

「打診買いって何ですか？」

舞子には聞きなれない言葉だった。

「まだ下がるかもしれないけど、それ

【打診買い】 打診とは「交渉の際、前もって相手側の意向を知るためにその問題に触れて、相手の反応をみる」こと（大辞林より）。打診買いの場合の相手とは『市場』。購入意欲はあるのだが、引き続き下落する恐れが拭えないとき、資金の一部をつかって購入すること。

なりの根拠があるので、とりあえず買っておくといった感じかな……。まあ、相場ではすべてが打診買いのようなものだけど……。ある方針のもとに躊躇なく買いに入ることに対する言葉かな」

「すみません。空売りも分からないんですけど……」

この際なんでも聞いておこうと、舞子はテッに尋ねた。

「安く買ったものが値上がりすると、売れば儲かるよね。反対に高く売ったものが値下がりしたときに買い戻せば、やはり儲かるわけだ。つまり売り買いの時間の前後は関係ない。安く買って高く売ればいい。

空売りというのは、値下がることを期待して、何も持っていないのに売ることなんだ。『ショートを振る』とも言う。空売りしている状態を『ショートポジションを持っている』と言う」

「そんなことができるんですか？」

「簡単にできる。先物市場なら限月次第で受け渡しはだいぶ後になるし、制度信用取引なら6カ月の猶予がある。その期間に売ったものが値を下げれば儲かるわけだ……。空売りには品借りなども必要なのだけど、まだそんなことは知らなくていいよ。次に行っていい？」

【制度信用取引】 品貸料および弁済の期限が取引所規則により決定されている信用取引。平成10年12月から弁済の期限は6カ月以内となり、名称は制度信用取引に変更された。制度信用取引ができる証券の種類は、上場内国株券のうち一定の基準を満たした銘柄（制度信用銘柄）の株券。

舞子はなんとなくだが、分かったように思えたので頷いた。

政治的要因

「④の『政局不透明感を嫌気する空気』とあるように、政治的な要因でも株価は動く。例えば、株式を売買する取引や、売却益に大きな税金がかけられたら、株式の魅力は薄れてしまうよね。相場観が当たっても、ほとんど儲からないかもしれない。これも大きな要因なんだ。

舞子さんのメモの欄外にある『国内政局の安定』はまさに政治的な要因だね。政治的な要因によって、ある国の株式市場が他の国や他の金融商品よりも魅力的になったり、その逆が起こったりする。ある政策が景気全体を左右することもあれば、特定の産業だけを潤すこともあるんだ」

市場心理

「⑤の『投資家の弱気心理』だが、われわれはこういった市場心理を『マーケットセンチメント』と呼んでいる。市場の参加者は皆、血も涙もある人間なんだ。だから、こういった心理によって株価が動くというのは、十分に納得がゆくだろう？『株価は美人投票だ』と言う人もいる」

「それはどういうことですか？」

「美人コンテストで1位を当てるには、自分の好みで美人だと思う人に投票しても当たるとは限らない。皆が美人だと思うような人を予想しないと当たらないということだ。『真の真理よりも心の心理』っていったところかな。株価も皆が買えば上がるんだから」

「ふうん。そういえばそうですね」

在庫と出来高

「⑥の『証券会社自己売買部門の売りに加え、一部の事業会社や銀行などからも損失覚悟の売り注文が広がった模様』というのは、実際に誰が売っているのかといったことだ。

どんなにセンチメントが弱気でも、誰も売らなければ株価は下がらない。その意味では一番大きな要因かもしれないね。誰が売っているのかを知ることも、将来の株価を予測するうえで重要なんだ。

この『証券会社の自己売買部門の売り』とは、証券会社が顧客の取り次ぎではな

【限月＝Delivery Month】先物取引、オプション取引の期限が満了となる月のこと。株価指数先物は３、６、９、12月の５限月（最長１年３カ月）が取引される。株価指数オプションは12カ月のそれぞれを限月とするが、特定限月の３、６、９、12月の直近５限月と、特定限月を除く３限月の計８限月が取引されている。

く、自分の在庫から手持ちの株を売ったり、空売りを仕掛けたりしているということだ。証券会社には一般の人よりも多くの情報が入っていると言えるし、顧客の動向も見えるから、それなりの影響力はあるよね。

一方『一部の事業会社や銀行などからも損失覚悟の売り』は、相場観によるものとは限らない。株式の持ち合い解消のように、目先の相場観を超えた方針の場合も多い。こちらのほうが要因としては重いと言える」

「あのう、在庫ってなんですか?」

「普通に在庫っていうと、何を考える?」

「そうですね。ブティックや靴屋さんなんかの在庫ですか?」

「証券会社が『ディーリング』と称してやっていることも、実は洋服屋や靴屋と同じなんだ。売れ筋だと思ったものを仕入れて、お客さんに販売する。問屋から安く買って、お客さんに高く売れれば儲かるわけだ。その仕入れに失敗すると、せっかくお客さんが来てくれても、商品が足りないといったことや、逆に在庫処分で安売りしなければならなくなる。金融商品の場合は、もともと価格がいつも変動しているので、安いタイミングで仕入れて、高くなったところで販売するんだ」

舞子が書いたメモをチェックしながらそこまで言うと、テツはメモの6番目の要

【ディーリング】 ここでは商品の保有目的ではなく、値ざや取りをもくろんで売買することをいう。

因の後に「出来高」と書き込んだ。

「このメモにはないけど、新聞の記事では売買代金にも触れていただろう？　出来高は相場の勢いを知るうえで、非常に重要な情報だ。この他にも株価を動かす要因はたくさんあるけど、今日の新聞からはこんなところかな」

そのほかの要因

そして舞子がメモの欄外に書き写していた点にも言及した。

「舞子さんがメモの欄外で触れている期末や年度末は、企業がその帳簿を閉めるだけではなくて、投資家はポートフォリオの評価を行うし、投機家はポジションそのものを閉じることがある。これは相場観やシナリオとは別個の事情なので、相場の思わぬ変動要因ともなるね」

おおっ。今までなんとかついてこれたと思ったのに、いきなり崖から突き落とされたような気になった。舞子はやっとのことで、これだけのことを言った。

「それは……どういうことですか？」

「うん。期末というのはね、その時点での決算の数値や株価をもとにして、企業やポートフォリオの成績発表がなされる時期なんだ。1年なら1年間やってきたこと

【出来高】為替市場、株式市場、債券市場などにおける売買高

の結果が、この日の数値で確定される。

金融機関などは多くの株式を保有しているので、期末時点での株価によって保有ポートフォリオの評価損益が増減してしまう。その試験の日があらかじめ分かっているわけだから、どうしても決算に備えた動きが出てくるんだ。

また、投機家などは決算の数字を狂わさないために、買っていたものは売り、売っていたものは買い戻して、前もって損益を確定してしまうことも多い。期末には資金需要なども歪むしね」

「ううーん……そうですか」

舞子はちょっとしたパニックにいたってしまい、自分の理解力が普段よりも落ちたように思えた。テツが言った。

「でもこれは、株価の思わぬ変動要因とでも言うべきものだから、まだ気にしなくていいよ。それとこれも欄外で触れていた『香港市場が米金利の動向に反応する』のは、連鎖反応とばかりも言えない。香港ドルは米ドルに連動するので、金利にも敏感に反応する。これもそんなことがある、耳にしたことがある、とだけ覚えていてくれればいい」

舞子は分からないなりに、なんとなくほっとして頷いた。

【ポートフォリオ】 運用資産。複数の銘柄、商品からなる投資家の金融資産。投資勘定。

3. 構造的な要因、投機的な要因

「今日は時間がある。良い機会だから、株式市場についてもう少し勉強しよう」

動揺する舞子を尻目に、テツはさらに続けた。もう覚悟を決めるしかない。いずれどこかで学ばなければならないのなら、早いほうがよい。

「お願いします。覚えが悪いかもしれませんけど……」

テツは舞子のつまらない謙遜の言葉など意にも介せずに続けた。

「ここにある株価の変動要因には『構造的』と呼べる要因と『投機的』な要因が入り混じっているんだ。この経済新聞の記事などは、より多くの事実を簡潔に述べることが要求されているので、そのあたりの区別はなされていない」

舞子はテツのコメントにいちいち口を挟むようで気が引けたが、よく理解できないところは質問しようと思った。後でテツに確認されたら、そのほうが気まずくなる。


【アセットアロケーション】 資産配分のこと。株式、債券、不動産、外貨、キャッシュへの配分が代表的（Asset Allocation）。

「その……構造的な要因、投機的な要因って何ですか?」

「構造的とはそのものの本質に関わる要因、投機的とはそれを自分たちで勝手に解釈して売り買いの手がかりとしてしまう要因、とでも言っておこうか。

実のところ、ほとんどの市場参加者は、構造的な『根っこの動き』と投機的な『上っ面の動き』との違いにあまり関心を持っていない。でも将来の株価を予測するうえで、『将来にも影響を与える要因』と『目先の材料』とを区別して理解することが重要なのは明らかだろう?」

各要因を構造的に理解する

テツはさきほどの舞子のメモをデスクの上に広げて言った。

「構造的な要因とは何かを説明するために、ここの六つの要因をもっと詳しく分析してみよう」

①前日の米国市場の影響

「情報や交通、運搬の技術が進歩してきたことによって、地球が小さくなり、他国

【投機筋＝Speculator】投機を行う人。主にキャピタルゲインが目的で有価証券や通貨を売り買いする人。短期筋。

での出来事が自国にも大きな影響を与え得るという意味では、構造的な要因だと言える。

例えば、アメリカ軍のイラクへの空爆といったようなことは、日本のあずかり知らぬ出来事には違いない。だけど、原油価格の上昇は日本経済に深刻な影響を与えるだろう？　戦費負担の肩代わりなどをさせられれば、思わぬ出費ともなる。原油で言えば、中東原油の枯渇などといった材料は、日本経済の『将来にも影響を与える要因』として構造的だ。

でも、必ずしもすべての条件が同じだとは言えない。ナスダックの昨日の下落が今日の日本株の下落に結びつくというのは、目先の材料、投機的な要因だと言ってよいね。だから日本株の動きが、いつの日かナスダック離れをする可能性は否定できないんだ」

②日米ハイテク企業の業績鈍化観測

「基本的に構造的だ。投下した資本がどれほどのリターンを生むかは、実業も含めた投資の本質に関わる要因だと言える。株価が企業業績を反映するのは当たり前のことだ。

にもかかわらず、あえて『基本的』にと断りを入れたのは、業績予想を勝手に織り込んで売り買いすることは投機的になってしまうんだ。ましてや目先の材料に注目して業績予想を立てるのでは、砂上に楼閣を築くようなもんだね。

その材料が一時的だとすれば、いかに緻密な予想を立てても、前提となった土台が簡単に崩れてしまう。アナリストの予測などでもよくあるよ。それにどんなに優れた企業の株式であっても、買われ過ぎると、いつかは売られることになる」

③200日移動平均線を下回った

「このようなテクニカル要因は、そもそも過去から現在にいたった株価の動きを忠実に、中立的に表しているにすぎない。テクニカル要因は、その解釈がすべてだと言えるんだ。

テクニカル分析の指示で売買をするというのなら、まさしく投機的だろう。つまり、61・8％の調整を信じて買った人は、そのレベルが抜かれたなら売ってくるものなんだ」

①と②の説明は舞子にもなんとか分かった。しかし、③の説明はさっぱり分からなかった。

【アナリスト】 投資理論、財務分析、経営者へのインタビューなどをもとにして、株式などの投資価値の分析を提供する人。

ローソク足

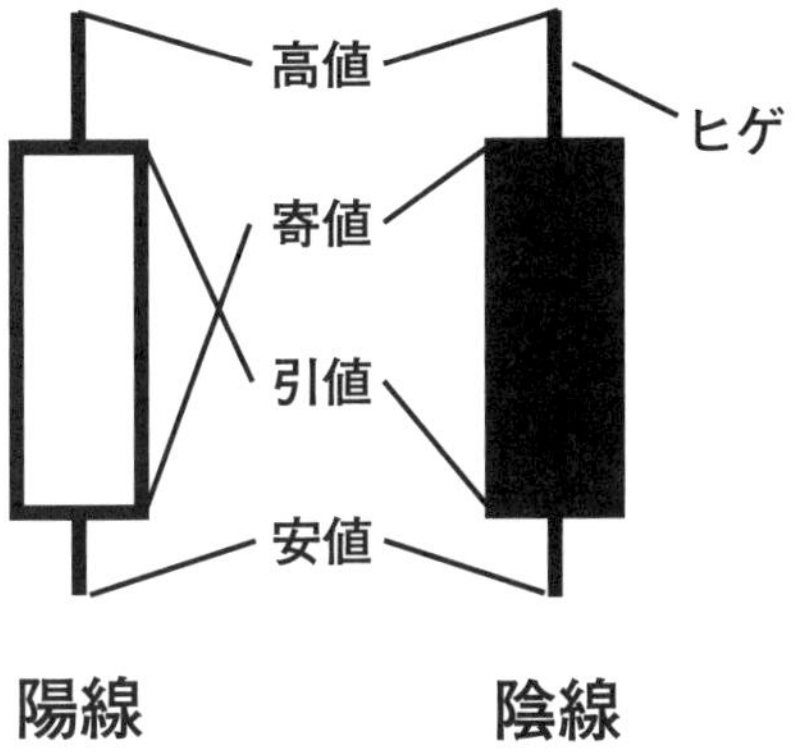

「すみません。どういうことか分からないんですけど……」

「そうか……例えば、ローソク足というチャートを知っている?」

　イエスともノーとも答えない舞子をみて、テツはキーボードを操作して、スクリーンにローソク足のチャートを描き出した（**上図参照**）。

「この1本のローソクのようなものは、ある期間の寄値《よりね》、引値《ひけね》、高値、安値とを表している。これは日足と言って1日の動きだ。

　白っぽく見えているローソクは寄値より引値が高い日、つまり上げ相場の日だ。そして黒っぽいのは、寄値より引値が安い日、つまり下げ相場の日だ。このようなローソクは何年分も何十年分もこうして並んでいるわけだけど、これは株価の動きを単に記録しているにすぎない」

舞子の納得げな顔を見て、テツは続けた。

「この1本のローソクの形や色、いくつかのローソクの並べ方などに意味を見つけて、次の動きを予測するのがチャート分析、つまりテクニカル分析だ。チャート分析はテクニカル分析に含まれる。出来高や信用残といった、チャートを使わないテクニカル分析などもあるからね。

テクニカル分析とは、純粋なデータに何らかの法則性を見出そうとするパターン分析だとも言える。このように手法は科学的なんだけど、解釈にはどうしても主観が入ってくるわけだ。

最も主観の違いが出るのは時間だね。日足や週足などもそうだけど、移動平均線などは2本、あるいはそれ以上の移動平均線の期間をどうとるかで、売り買いまったく別の結論さえ導き出せる。半値戻しなども、起点にする安値、高値で違ってくる場合がある」

「それでは、テクニカル分析など、あまり意味がなくはないですか？」

舞子は素直に疑問に思ったことを口にした。

【信用残】 信用取引の未決済の数量。

「そうだね。まったく相場経験のない人には無意味かもしれない。テクニカル分析を使いこなすには経験がいるんだ。その経験則から出てきた一般的な解釈では、安値が抜けたなら売ってみる。高値から61・８％も調整したなら、いったんは買い戻すけれど、抜けてしまったらまた売るなどということになる。テクニカル分析の説明は、こんなところでいいかな？」

頷いた舞子が本当に理解できているかは分からなかったが、テツは先に続けた。

④政局

「政局要因も基本的には構造的だ。

税率の変更などということは、金融商品の魅力を高めることもできれば、紙くず同然に変えてしまうこともできる。その税率であるかぎり、将来にわたっても影響を与え続けるといった構造的な要因だと言えるね。

しかし、現政権の株価対策は効果的か、いつ承認されるのか、あるいはこの新聞記事にあるように、政局の不透明感を嫌気してなどといったことは、投機的な目先の材料として使うことができる。

⑤投資家心理と株式市場の弱気心理

「センチメントを構造的に利用するなどといった、こねくり回した解釈を除けば、目先の材料の最たるものだね。ただし、目先の動きが構造的な要因をある程度動かすこともあるんだ。例を挙げれば、ここ何年かの米国経済の動きだ。

アメリカは経常赤字、財政赤字といった双子の赤字に加え、個人も貯蓄率が低いなどと構造的に弱い体質があった。しかし年金基金なども使って株式を買い上げた結果、個人の資産が膨れ上がり、個人消費が伸び、企業業績が改善し、税収が伸び、一時的にせよ財政赤字が解消するという離れ業を演じた。アメリカは構造的にも体質改善がなされたと思った人も多かったんじゃないかな。

しかし、その期間を通じて経常収支は赤字幅を更新し続けていたし、個人も株価上昇で膨れた資産を当てにしてクレジットカード（負債）で買い物をした。株価が下落して、資産が『取らぬ狸の皮算用』だったと知ったとき、残っていたのが負債だったというわけだ。

すでに個人消費が落ち込み、企業業績が悪化してきているから、税収が落ち始めるのも時間の問題だろう。投機による株価上昇を体質改善に利用できなかった例だと言えるね。

【負債コスト＝ Cost of Liability】 企業が事業を行うために調達した資本には株式資本と有利子負債とがあるが、このうち債権者（借入金の貸し手および債券の購入者）より調達した有利子負債にかかわるコスト。支払利息や債券の発行費用のこと。

日本で起こったバブルの場合、巨額の貿易黒字や莫大な個人の金融資産などといった構造的な裏付けがあったために、かえって崩壊後も、あれが目先の夢であったとはなかなか信じることができなかったようだ。これも結果としてすべてが後手に回り、投機的な目先の要因であったはずのものが、構造的なものをも壊してしまったと言えるんじゃないかな。

⑥証券会社自己売買部門の売りに加え、一部の事業会社や銀行などからも損失覚悟の売り

「これは実際に誰が売っているのかといった分析だよね。舞子さんにはまだ分からないかもしれないけど、証券会社の売りというのは、ほとんどの場合が投機的で目先の材料にすぎない。でも、金融機関などが行った株式持ち合いの解消売りは構造的だと言える。将来にわたっても株式市場に影響を与え得るんだ。このことは後で、より詳しく説明するよ」

テツは自分が鉛筆で書き込んで真っ黒になったメモを舞子に返しながら言った。

「ここまでの分析で明らかになってきたのは、中立であるテクニカル要因を除け

【株式持ち合い＝Crossholding of Stocks】取引関係の深い企業や金融機関同士、あるいは協力関係にある企業の間でお互いに相手の株式を保有すること。

ば、どの要因も構造的とも言えるが、同時に投機的でもあり得るということだ。とはいえ、この二つを区別して理解する癖をつけておかないと、いつまでたっても相場を『構造的に』理解することができない。だから、気に留めておいて」

舞子はなんとなく分かってきたように思えて、力強く頷いた。追い討ちをかけるようにテツが言った。

「つぎに構造的な要因について、本質的なところを簡単だけど説明しよう」

【出合】 市場で売り買いの値段と株数が一致し、売買が成立すること。

4．相場を動かす構造的な要因

テツはデスクの上にあった紙切れを裏返し、側にあった鉛筆で卵の大きさほどの楕円形をふたつ描いた。そして左側の楕円の中に「B」、右側の楕円の中に「S」と書き込んだ。

「市場での出合は、売り買い1対の、1対1の関係で成り立っている。売り一色などと呼ばれる相場つきであっても、出合があるかぎり、必ず売り手に見合った数の買い手がいるんだ。どんなに売りたい人が多くても、買い手がいないと出合《であい》は成立しない。売り気配だけなどと言われるのは、そういう時なんだ。

市場での売り手と買い手とは必ず1対1の関係にある。そのことをまず頭に入れて、この質問を考えてみて」

そしてテツはわざわざその紙に質問を書き入れた（**図1―1**）。

【1対1の関係】売り手がいなければ買い気配やオーダーで売り手を待つしかない。逆もまた同じこと。

ある日の金融市場で1件の出合がありました。ここにたったひとつの条件を与えて、相場を動かしてください。

さあ、困ったぞ。そんなこと急に聞かれても舞子には皆目、見当がつかない。とりあえず「金融市場」というものを確認しよう。

「その市場というのは株式市場でよいんですか?」

「なんでもよい。株式でも、為替でも、債券でも」

「たったひとつの条件ですか?」

「ああ、たったひとつで動くんだ」

「このメモのうちのどれかですか?」

そう言って、舞子は先ほどのメモを広げた。メモはもう真っ黒になってしまっている。

「やってみようか?」

テツは舞子からメモを受け取ると、最初の要因から説明し始めた。

図 1-1　市場での出合

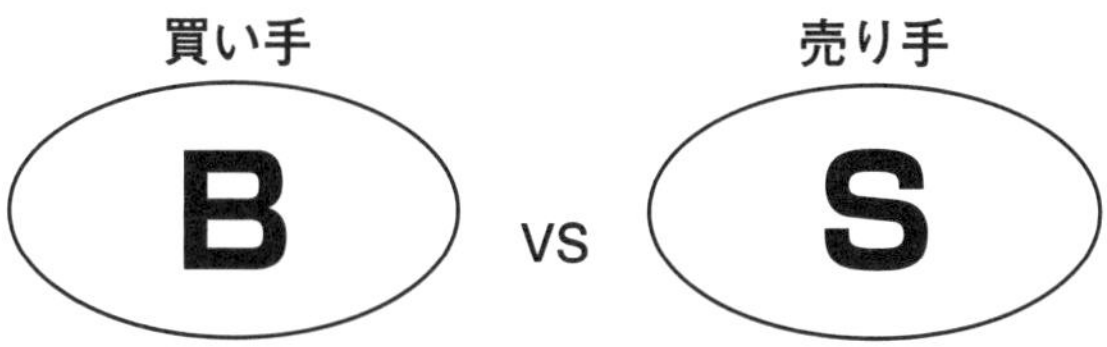

【質問】ある日の金融市場で1件の出合がありました。ここにたったひとつの条件を与えて、相場を動かしてください。

「まず、①の要因。ナスダックを挙げてみよう。金融市場とやらを日本株に限定したところで、ナスダックに連動して日本株が上がるという保証なんかないよね。

もともとナスダックと日本株市場とは別のものなんだ。政治や経済の背景が違うし、金利も企業業績も違う。為替などはドル高すなわち円安と全く反対に作用する」

最初からいきなりひっかかってしまった。舞子は尋ねた。

「すみません。その『ドル高すなわち円安と反対に作用する』というのは、どういうことですか?」

テツはにっこりと笑って答えた。

「そこが為替の面白いところなんだ。例えば、ドル買いの材料があって、アメリカ市場信認という観点からナスダックが上げたとするよね。そのナスダックを見て、日本株が上がったとする。何か変だろう？」

「よく分からないんですけど……」

舞子にはまだよく理解できない。

「ナスダックは自国通貨のドル高で上がった。でもドル高とは円安のことだから、日本の自国通貨は下がっている。日本市場が信認されたわけではないのに買うのは変だよね。

もちろん円安になれば輸出が伸びるなどという、株価にプラスの要因はある。けれど、自国通貨の強弱に関しては全く反対に作用しているんだ」

「そうかぁ、そう言われれば何か変ですね」

「次に②の要因。『材料出尽くし』という言葉を知っている？　どんな好材料でも、相場があらかじめ織り込んで買ってしまっていたなら、上がるどころか売られることを言うんだ。つまり、どんなに企業業績の数字を良くしてみても、株価が常に上昇するとは言い切れない。これも駄目だね」

「③も同じ。不人気の内閣が交代しようが、議会が解散しようが、それで相場がど

【Buy the rumor, Sell the news】「噂で買って、ニュースで売る」という意。「決定的なニュースが出てしまったあとでは、いわゆる材料出尽くしとなり、そこを高値、安値として、相場が反転することがよくあります」（『生き残りのディーリング』154ページ）

ちらかに動くとは断定できない。同様に④、⑤、⑥の要因をどういじくっても、相場に方向性を与えることはできないね」

そんな……答えがどこにもないなんて……。舞子は途方に暮れてしまった。なんだかテツにからかわれているような気がしてきた。ただの暇潰しなのか？　まだ学生に毛の生えたような私なんかを相手に……。

舞子からの答えなどはなから期待していないテツは、黙って先ほどの質問の下に自分で答えを書き込んだ。

相場を上げる条件

「質問の答えは『もし相場を上げたければ、買い手は売り手よりもポジションを長く保有する』だ。このひとつの条件を与えるだけで相場は上昇するんだ」

そう言うと、テツは左下から右上に、斜めに長く矢印を引いた。

「ポジションってのは、分かるよね？」

「ロングポジションとか、ショートポジションとかいうものですね」

舞子はよく分からないなりに聞いたことがある表現だけを並べてみた。

【ロング＝Long】 買い持ち（売り戻しが前提）
【ショート＝Short】 売り持ち（買い戻しが前提）
【ポジション＝Position】 持ち高。保有高。

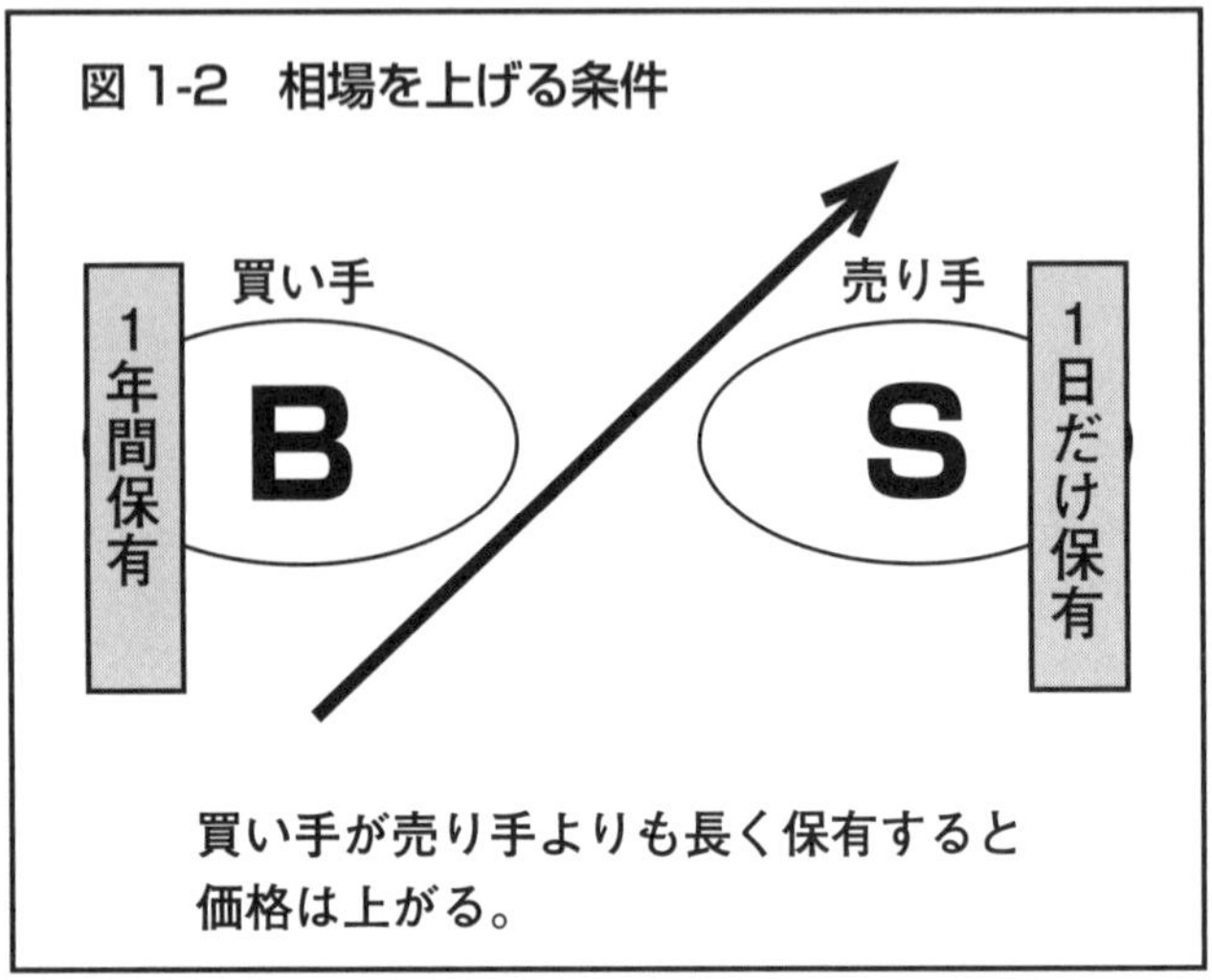

「そう、ロングポジションとは『買い持ち』のこと。つまり買ったものをまだ持っている状態。ショートはその逆で、売ったものを買い戻していない状態」

「そのロングポジションを長く保有すると、相場が上がるんですか？」

「売り手よりも買い手が長く保有すると価格は上がる」

テツは図の左側に1年、右側に1日と書いて続けた（**図1―2**）。

「もう少し詳しく説明しよう。買い手が1年間保有できるのに対して、売り手の誰もが1日（1晩）だけしか保有できない市場があるとする。

そこでひとつの出合があった。

ここでは買い手と売り手とは同値で、同じ量のポジションを保有していることになるよね。買い手はロングで売り手はショートというわけだ。買い手は買ったままの状態。売り手も同じく売ったままの状態。今ここであげた条件だけではその日の市場に動きはないと言える。

でも翌日には、売り手は与えられた条件（1日しか持てない）によって必ず買い戻しを迫られることになる。いわゆるショートカバーだよね。

そのショートカバーに付き合った売り手にも、やはり同じ条件がはめられる。すなわち新たな売り手も翌日には材料や相場観がどうであれ、ショートカバーをせざるを得ない。

ここでは与えられた条件によって、市場には毎日『切実な買い手』が現れることになる。当然、売り手はいやいや付き合うことになり、その売り手も翌日には買い戻さなければならない。

舞子さん、分かる？　当初の出合はたった1件なのに、この条件下では価格は限りなく上昇するんだ」

【ショートカバー＝Short Cover】買い戻し。

相場を下げる条件

舞子は狐につままれたような顔をした。

「そんなものは机上の空論にすぎないと思う？　じゃあ、実際の相場に当てはめてみようか。

バブル崩壊後、日本株の大きな売り圧力となってきたのは、持ち合い株の解消売りだ。株式の持ち合い構造はバブル期など日本株が強いと言われたころのひとつの大きな根拠であった。ところが、ポストバブル期には反転したわけだ。

では、ポストバブル期に持ち合い解消で売られた株式を買っていたのは誰か？買っていたのが持ち合いのように長くポジションを保有する人であれば、単に保有者の名前が変わっただけで株価の下落はないといっていい。つまり三井グループで持っていたものを、住友グループの誰かが買ったところで、株価に与える影響力は同じだ。結果的に三井住友グループとなっても、株価に変動はない。

でも、その買い手がポストバブル期の証券会社のように、いやいや付き合って買わされていたり、短期的な鞘抜きが目的だったりすると、すぐに売ってくることに

図 1-3　相場を下げる条件

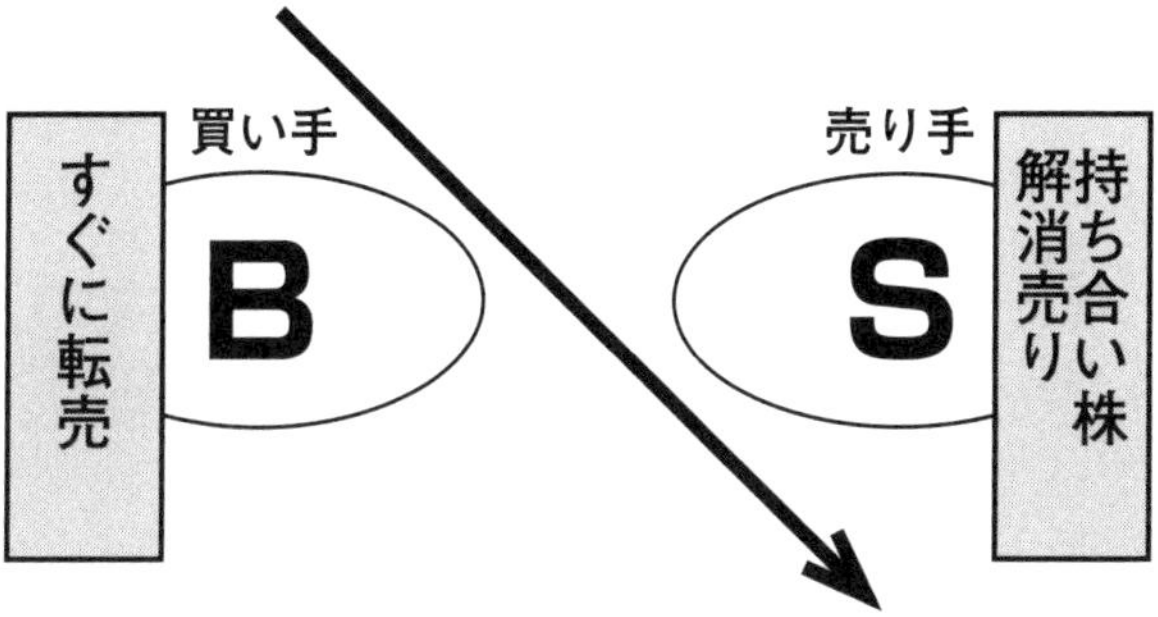

だれも本気で（長く）保有しようとはしていないと価格は下がる。

なるよね。すなわち、先ほど述べた例とは逆で、毎日『切実な売り手』が現れるという『売り一色』のような状態が出現してしまう。株価が下がれば損切り売り、上がれば利食い売り、つまり株価がどちらにころんでも売りが出てきてしまうわけだ。

ここで買い手が値ごろ感からの投機で買ったとする。買い手は値上がりすれば売ってくるだろう。だけど、このときこの株式が魅力的であるならば、後から後から新たな買い手が現れる。つまり投機筋全体によって実質的には継続保有されて、値下がりはないと言えるわけだ。バケツの水を一人で２階に運んでも、みんなで１段ずつバケツ

【損切り＝Loss-Cut】 損失の拡大を防ぐために持っているポジションとは反対方向の取引を行うこと。

リレーで運んでも、誰もバケツを落とさなければ2階に行くことに変わりはない。

でも、持ち合いのような安定株主でなければ、どこかで限界を見ることになる。なぜなら、誰も本気で（長く）保有しようとはしていないからなんだ（**図1―3**）。

持ち合い株の解消売りは構造的な要因と言える。そういった売り圧力に対抗できるのは、同じように長く保有する買い手だけだ。持ち合いによって必要以上に発行されてしまった株は、どこかで吸収される必要があったんだ。

例えば、自社株買いは持ち合いによる株式過大発行以前の状態に戻すようなものだよね。金庫株にはROE（株式資本利益率）を押し上げる効果などはない。だけど売り圧力を吸収する効果はある。『株式買い上げ機構』による株式購入も、構造的に株価を支えていた。年金基金による買いも、十分に長く保有するのだから、売り圧力を吸収できると言えるね」

株式の持ち合いとその解消、安定株主、自社株買い、株式過大発行、金庫株、ROE押し上げ効果、株式買い上げ機構……。数カ月前から経済紙を読み始めた舞子にも、親しみのある言葉ばかりだ。だが、それがこのように結びついているとは知らなかった。なんとなく、何気にというか、輪郭が見え始めてきたように思える。


【金庫株＝Treasury Stock】 企業が取得し保有する自己株式。金庫株は無期限かつ数量に制限なく保有できる。また新株発行として再度放出することも償却することもできる。

5. 投資と投機

舞子の表情に知識欲の片鱗を見出して、テツはさらに続けた。

「これまで構造的な要因だとか投機的な要因だとか言ってきた。だけど、それで投資と投機の違いが分かった？」

「いえ。分かりません」

舞子は正直に答えた。投資と投機に違いがあるなど考えたこともない。

「さまざまな人がそれぞれに定義しているようなんだけど、ぼくには『資産の裏付けがあるものを投資』『価格の鞘抜き狙いを投機』と定義するのが一番ピンとくる。すなわち、投下資本の運用が投資で、機（タイミング）に投じるのが投機だね」

そう言うとテツは投資と投機の違いとを紙に書いた（**図1―4**）。

「舞子さん、『売らなければならない人が売っている相場は弱い。だが、売らなくてもよい人まで売っている相場は反発する』なんて言われているのを聞いたことが

【自己株式＝Company Stock】自社の株式
【自社株買い＝Management Buybacks】自己株式の買い戻し。一度発行した自社の株式をお金を払って買い戻すこと。

図 1-4　投資と投機の違い

投資
＝投下資本の運用

投機
＝機に投じるもの

ない？　ないだろうね。

　この場合、売らなければならない人が投資家で、売らなくてもよいのに売っている人が投機家なんだ」

「ううっ。まただ。またわけが分かんなくなってきた。こんなの禅問答じゃないの？

「すみません。よく分からないんですけど……」

「投資勘定では1億円なら1億円という資産がまずあって、それをどのように運用するかが課題となるんだ。

　そこでは外貨が何パーセント、株式に何パーセント、債券に何パーセント、不動産に何パーセント、保険に何パーセント、預貯金をも含めたキャッ

【キャッシュ＝Cash】現金に限らず、すぐに現金化でき、価格変動のほとんどない短期金利のものも含む。

シュに何パーセントといった具合に、資産の配分を考えることになる。売りから入るという発想はないと言ってよい。

だから投資は上げ相場には強いんだけど、下げ相場では資産のキャッシュ比率を高める、ヘッジ率を高めるなどといったこと以外には、打つ手がないと言える。投資勘定での株式の売りは、資産配分を株式からキャッシュに移したという見方もできるね。

一方、投機勘定での買いは売却益が狙いだから、いつか必ず売られる。同じように、売りはすべて買い戻しが前提となっている。ロングは必ず売られ、ショートは必ず買い戻されるんだ。

投機では価格が自分の思惑通りに動けばよいわけだから、どんなことでも材料にできる。さっき言った構造的な要因でも投機的に使われるというのは、そのためだ」

（図１―５）

舞子にとって投機筋とは、自分の利益のためには何でもする悪い連中ということしか分からない。何年か前のアジアの通貨危機も投機筋のせいだと言っていた。テレビで、マレーシアの首相が怒っていたのを覚えている。

「投機筋って悪い人なんでしょう？」

【ヘッジ＝Hedge】保険。ある取引から生じるリスクに対して、逆サイドのリスクを持つ取引を行うことによってリスクの回避をしようとする方法。

図 1-5　投資と投機の特徴

投資

＝上げ相場には強いが、下げ相場ではキャッシュ比率を高めるか、ヘッジ率を高める以外には打つ手がない。

＊値下がりは投資環境の改善をも意味する

投機

＝価格の鞘抜き（キャピタルゲイン）を狙うので、ロング（買い持ち）は必ず売られ、ショート（売り持ち）は必ず買い戻される。

＊値下がりは投機の失敗（実現損・評価損）しか意味しない（買いの場合、売りは逆）

【ディスカウント＝Discount】割引。先渡しレートが割引になること。ドル円の場合、ドルのディスカウントは円のプレミアムを意味する。

舞子のあまりに率直で素朴な問いに、テツは思わず声に出して笑った。

投機は悪か？

「悪い人って、何を基準に善悪を判断するのか分からないけど……法律に背いていないという点では、投機筋は悪い奴らではない。合法的だが市場を操作し混乱させているから悪いという点でも必ずしも当たらないね。

僕が入社したのは92年だけど、入社後半年ほどで『ポンド危機』っていうのが起こったんだ。基本的には後に起こった『アジア通貨危機』と同じで、投機筋が悪者にされた。どちらも危機に至る直前までは、むしろ当局に協力していたんだけどね」

「どういうことですか？」

「当時の英ポンドはＥＭＳ（欧州の統一通貨ユーロの前身）の一通貨で、当然ＥＭＳにリンクしていた。今のポンドはユーロから独立した通貨だけどね。同じようにアジアの通貨は米ドルにリンクしていたんだ。

リンクというのは、繋がっているということで、それらの通貨はＥＭＳや米ドルに連動していた。つまり、ポンドと他のＥＭＳ通貨との間には大きなレートの変動

【プレミアム＝Premium】①割増。先渡しレートが割増になること。ドル円の場合、円のプレミアムはドルのディスカウント（先渡しレートが割引になる）を意味する。②オプション料

はなく、アジア通貨と米ドルとの間にも大きな価格変動はなかったんだ。

ところが実際の経済状態を反映した資金の流れはポンド安、アジア通貨安に繋がるものだった。そこでイギリスやアジアの通貨当局は金利を上げることで、その通貨を保有してもらおうとしたわけだ。

『キャリートレード』って聞いたことがある？」

舞子は黙って首を振った。

「キャリートレードというのは、低金利で調達した資金を高金利で運用することだ。円で調達してドルで運用、というのが最も有名だね」

「そんなことができるんですか？」

舞子は話がうますぎるように思えて質問した。

「簡単にできる。投機筋がドル円を買う、つまりドル買い円売り（プロのディーラーは、ドル買い円売りを『ドル円を買う』と表現する。同じようにポンド売り円買いを『ポンド円を売る』という表現をする）をすることは、低利で借りてきた円を売って、高利のドルを買うことを意味する。その金利差を取りにゆくのがキャリートレードだ。

ただし、そういったトレードは金利差が取れる代わりに価格でやられるため、

図 1-6　裁定が働く仕組み

ドル を保有
＝高金利（＋２％ vs ￥）＋ドル安（－２％ vs ￥）

円を保有
＝低金利（－２％ vs ＄）＋円高（＋２％ vs ＄）

＊裁定が働いてトントンになる
（トントンになるまで裁定が働く）

収支がトントンになるようになっている。その場合、『裁定が働く』という言葉を使う」（**図1―6参照**）

「それでは全然儲かりませんよね」

「為替のフォワード（先渡しレート）というのはそれで成り立っている。

でも、このとき価格でやられなかったらどうなる？　レートの変動がなければ……」

舞子は思わず目を輝かせてうなずいた。

「そうかあ。リンク通貨なら、その通貨間のレートに変動がないので、金利差がそのまま取れるんだ」（**図1―7参照**）

「その通り。通貨当局が通貨を防衛す

【裁定取引】 アービトラージ（Arbitrage）。市場間、銘柄間などの価格差を利用して利益を上げようとする（割安を買い、割安を売る）取引。両者の価格差（スプレッド）が縮小することをもくろむ。

図 1-7　キャリートレードの仕組み

ドルで運用＝高金利（＋2％ vs ￥）±0
　　　　　　　　　　　　　　　　　　＞為替変動
円で調達＝低金利（－2％ vs $）±0

＊介入などの通貨政策により、価格の変動がない
高金利通貨を買い、低金利通貨を売る
(低金利で調達し、高金利で運用すれば、金利差
のタダ取りができる)

るには、誰かが買わないと下がってしまうんだから、自分や仲間の通貨当局が直接買う介入と、ほかの誰かに買ってもらうことの二つの方法しかない。

　その通貨を防衛する必要があるということは、実需が売ってきているということなので、仮需、つまり投機筋に買ってもらうしかないんだ。このとき金利差があれば投機筋は儲かるので、いくらでもポジションを膨らませてくれる。キャリートレードだね」

「それで当局は金利を上げるわけですね」

「投機筋はキャリートレードをすることで当局に協力していた。持ちつ持たれつといったところかな。もっとも、

【金利裁定＝ Interest Rate Arbitrage】通貨間、金利商品間の金利差を利用して利益を上げようとする（割安を買い、割高を売る）取引。

どんなに金利を上げたところで、力のない当局や弱腰の当局だと、いつ価格が下落するかもしれないので、それほど大きなポジションは取れない。その点、当時のイギリスやアジアの通貨当局は格好の相手だった。ことにポンドの場合は、とんでもなく大きなポジションになっていたらしい。逆に言えば、そうでもしなければポンドを支えることができなかったんだろうね」

「では、当局は通貨を防衛できるし、投機筋は儲かるのだから、どちらもハッピーなわけですね」

舞子はひとりで納得して言った。

「しばらくの間はね……。防衛する必要があるということは、実需が売っているということだ。その経済環境に変化がないとすれば、実需は売り続ける。その売りを受ける投機筋は、どんどん買い持ちのポジションを膨らませないといけない。

ところがさっきも言ったように、投機筋のポジションはいつか必ず閉じられる。仮需なんだから。またクレジット・ライン（信用枠）が一杯になると、買いたくてもそれ以上はもう買えない。それでも実需は売ってくるんだから、いずれは支えきれなくなるよね」

「じゃあ、どうなるんですか？」

【市場介入＝Intervention】 相場の方向や動きを買える目的で当局が市場に参入すること。
【口先介入＝Verbal Intervention】 当局が実際に市場に資金を投入することなく、言葉だけで為替相場などの動きを変えようとすること。

「支えきれないとなると、投機筋は売るしかない。手のひらを返すようだけどもね。もともと切り下げないから安心しろと言っていたのは当局なのだから、投機筋が買い持ちを売ったところで影響はないはずだよね。もっとも、投機筋は多めに売って、今度は売り持ちになるんだけど」

「やっぱり投機筋は悪者ですね」

舞子はうんうんと首を縦に振っている。

「でも、もともと投機筋をあてにした通貨防衛が矛盾をはらんでいるんだ。実需という自然の流れに逆らって、仮需を当てにした恣意的な価格形成を企てたのは通貨当局だ。投機筋は自分の利害にかなう間だけ協力しているにすぎない。投機筋は自分の相場観に従って売りたい人に買い向かい、買いたい人に売り向かう。だからこそ市場に『流動性』を与えている。そのことの見返りに収益を期待するのは当たり前だろう？　失敗すれば損するのも自分なんだから。

むしろ通貨防衛に成功すれば自分の手柄、失敗すれば投機筋のせいにする当局のほうが無責任じゃないのかな？　投機筋に支払った金利差も、もとをただせば国民や産業全体で高金利を負担しているわけだし……」

【流動性】 ここではある商品を売買することの自由度を述べている。転売リスク。

実需筋と投機筋

「流動性って何ですか？」

またまた分からない言葉がでてきたので、舞子はテツに聞いた。

「この場合は、売りたいときに自由に売れる、買いたいときに自由に買えることを意味している。実需の偏りの緩衝材となるのが投機筋で、実需も投機もどちらが欠けても市場は成り立たないと言える」

舞子がポカンとした顔をしているのを見て、テツは説明を付け加えた。

「例えば、奇数日には実需筋の売りが多く、偶数日には実需筋の買いが多い市場があったとしよう。この市場に自らポジションを持って流動性を与えるディーラーなどの投機筋がいないとすると、奇数日には売れない人がストップ安水準で並び、偶数日には買えない人がストップ高水準で並ばなければならなくなる。結果、市場は実需の偏りによって乱高下してしまうんだ。

ここで、一日ポジションを持てば儲かるに違いないと、奇数日にはストップ安で買い向かい、偶数日にはストップ高で売り向かう人が出てくると、ようやく取引が

【売り持ち】ショートポジション。将来の買い戻しを前提に売っている状態。
【買い持ち】ロングポジション。将来の売り戻しを前提に買っている状態。

ラーだ。

成立し、市場としてなんとか機能するようになる。このポジションを取る人がディー
奇数日に安く買ったものを偶数日に高く売って儲けを出す。その儲けを見た他の人、いわゆる投機筋がたくさん集まってくると、奇数日の買値が上がり、偶数日の売値が下がり始める。投機筋の利鞘は減るけれど、『実需筋』にとっては、より望ましい価格で売り買いできるようになる。ここで投機筋が市場に与えたのが流動性だ。投機筋が多く集まると市場は、より良く機能するんだ」

「実需筋というのは、投資家のことですか?」

「投資家は資産の裏付けがあるので実需筋だと言える。けれど、その他にも株式や債券なら発行企業、商品相場なら商社や石油会社、鉱山会社、農産物を扱う会社、為替なら輸出入企業なども、もちろん実需筋だ」

「そうか。商品や通貨などのそのもの自体に需要があるから実需で、儲かるからと一時的に市場に参加するのが仮需、投機筋というわけですね」

舞子は納得したようにうなずいた。

「その通り。したがって、投資家などの実需筋は市場価格に構造的な影響を与えるけれど、投機筋は一時的な影響しか与えない。

【実需＝Real Supply and Demand】 貿易や機関投資家などの資本取引に伴う通貨などの需給。実際にはその「モノ」が必要なこと。キャピタルゲイン狙いだけの仮儒、スペキュレーション（投機）に対する語。

ここで当たり前と言えば当たり前のことなんだけど、自分が扱っている資金が投資勘定であるのか、投機勘定であるのかをあらかじめ確認していなければならない。それによって相場への取り組み方も変わってくるんだ。

例えば、投資ならば買いから入るのが基本で、キャッシュ比率が１００％以上なという状態はまずあり得ない。一方、投機では値幅だけが問題なのだから、売りも買いも自由自在なんだ」

舞子は少し驚いて言った。

「自分のことなのに投資なのか投機なのかが分からないことってあるんですか？」

「それがあるんだな。銀行などのプロの投資家でも自分のポートフォリオがどちらに属するのか混乱している場合がよくある」

「へーえ、そんなものですか」

テツはそばにあった紙切れの裏側に落書きのように何やら描きながら言った。

「投資勘定には空売りというものがないので、買いに限っての話になるけど、ここに自分の資金が投資勘定なのか投機勘定なのかを自己診断する方法がある。

買ったものが値を下げるとするよね。そのとき評価損を抱えて苦しいながらも、投資環境の改善（前よりも割安で買える）を見ることができるのなら、それは投資

【仮需＝Speculation】 実際の需要を伴わない需給。キャピタルゲイン狙いの売買。投機。

図 1-8　値下がり局面の投資環境

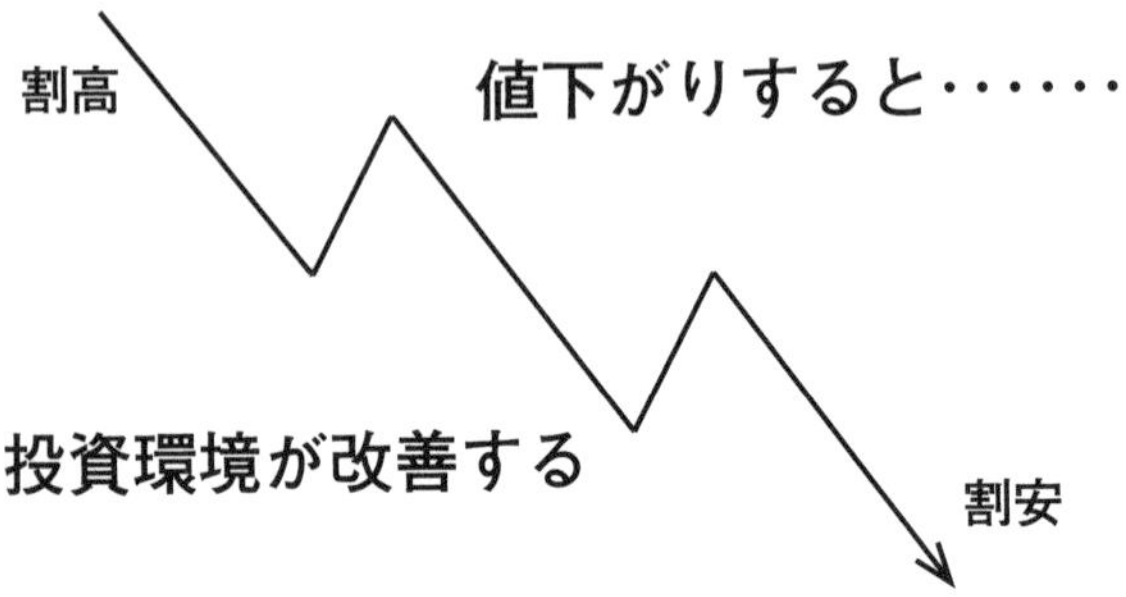

債券の値下がり＝金利の上昇
＝高金利で運用できる

株価の値下がり＝株価収益率（PER）の低下
＝割安株を買える

勘定だと言える（**図1―8参照**）。

一方、投機での値下がりは、すなわち投機の失敗でしかない。投機勘定に『バイ・アンド・ホールド』などという考え方はないから、買ったものが値を下げたなら迷わず損切るしかないね」

「バイ・アンド・ホールドというのは、買ったものを持ち続けるという意味ですか？」

「そうだね。投機筋でも買ったものが値上がりして

【バイ・アンド・ホールド＝Buy And Hold】 株価の振幅を受け入れ、購入した銘柄を長期に亘って保有する投資手法。投機的な短期売買では株価の振幅は利食いあるいは損切りに直結する。

図 1-9　再投資リスク

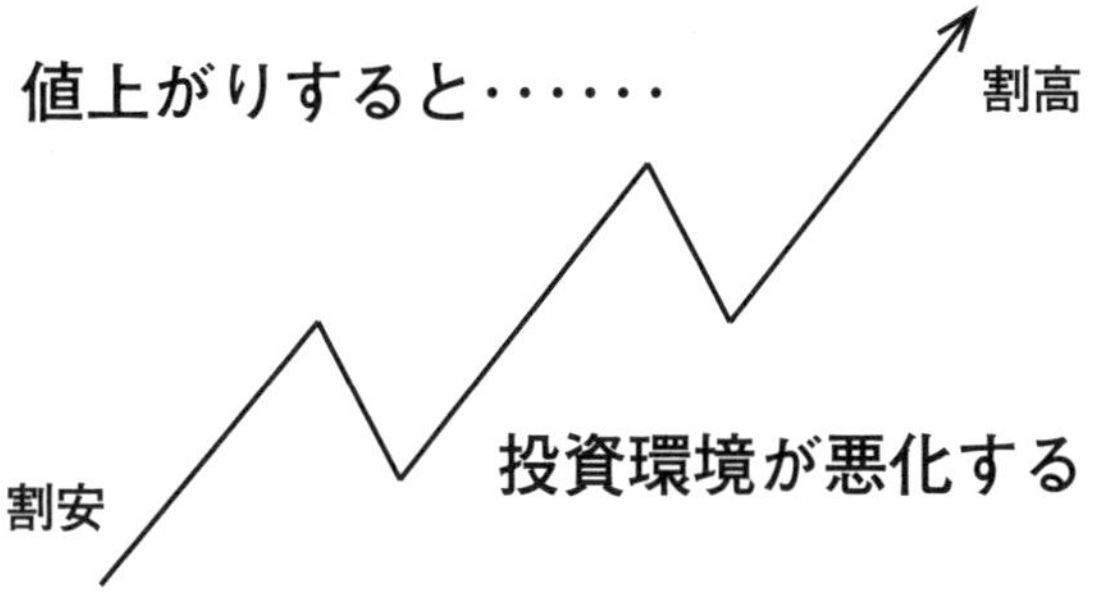

債券の値上がり＝金利の低下
＝高値圏で低金利の価格変動の大きな商品しか残っていない

株価の値上がり＝株価収益率（PER）の上昇
＝PERの高い「値がさ株」を買うことになる

いる間は持っていてよいけど、投資家は値下がりしているものでも、長期投資とやらで持ち続けることが多い。

何を求めているかで運用の方法も変わってくる。自分の資金の性質を知ることが肝心だ。また再投資リスクなどというのも、投資勘定に特有のリスクだと言える（**図1—9参照**）。

投資も投機も同じように相場に参加し、相場観が外れれば苦しむことになる。どちらが高級だとか、どち

【再投資リスク＝Reinvestment Risk】 主に債券投資で使用する表現。債券の上昇局面（金利低下時）に、手持債券の償還、あるいは売却で投資資金を得た場合、インフレリスクに弱い低金利の投資物件しか残っていないリスク。株式の場合は高PERの物件。

らが難しいなどということはないんだ」

舞子はテツの言っていることの大体が理解できた。

テツは続けた。

「ここで注意を促しておきたい点がある。投機勘定での売り買いは、いずれ必ず閉じられる。だから、投機筋が多くいる市場が一方向に値を伸ばすと要注意だと言える。

とはいえ、投資家が買い始めた相場でも、値を上げるにつれて、さらなる価格上昇期待から投機筋が入ってくる。儲けることができそうなところには集まってくるんだ。このとき、資産に限界のある投資勘定に比べて、投機勘定は信用創造が続くかぎり、無制限に大きくできる。ポジションの大きさに比例して儲かるのなら、いくらでも借金して買いたいよね。だから、どんな市場でも、いずれは投機勘定のほうが大きくなってしまうんだ。見極めが肝心だね」

テツは腕時計で時間を確かめて言った。

「舞子さんは『値上がる株に投資しろ』というテキストをもらっている？　入社時にもらえるはずなんだけど」

「いえ。まだアルバイトですから……」

【株価収益率】PER（Price Earnings Ratio）ともいう。株価をEPS（1株当たり利益）で割ったもの。株価が収益の何倍まで買われているかを見る。

「ちょっと、待っていて」

舞子の返事が終わるか終わらないかのうちに、テツは小走りに自分のデスクに駆けて行った。

【値がさ株】 株価の高い株。

第2章

株式市場で注目すべき材料

トレンドラインと投機筋

翌日の株式市場は一時1万1433円88銭の安値まで売り込まれた後、大きく反発して高値引けとなった。だが、舞子はテツからもらったテキストに没頭していた。まだ株価や材料に一喜一憂することすらできない。

「さあ、今日は株式市場で注目すべき材料を説明しよう」

場が引けてしばらくしたころ、テツが舞子のデスクにニコニコ笑いながらやってきて、そう言った。

「これから述べる『株式市場で注目すべき材料』の多くは、本来構造的で投資家が市場全体の上げ下げを予測したり、個別銘柄を吟味したりするときに使うものだ。だけど、昨日説明したように、その材料が説得力に富む、優れたものであればあるほど、投機家をも引き付けてしまうんだ。みんな、儲けるための材料を血眼になって探しているんだから、当然だよね」

テツは舞子の隣の席に着くと、いきなり説明を始めた。

「ところが投機家はどんなに良いものでも買ったものは必ず売り戻す。だから、投

【トレンド＝Trend】 価格の方向性。価格に方向性があり、その状況がしばらく継続すること（例：上昇トレンド＝右肩上がりのトレンド、下降トレンド＝右肩下がりのトレンド）。

機家の買いで上げた部分は、いずれ値下がりすると見ていてよい。結果として、相場は常に買われ過ぎと売られ過ぎというように、上下に行き過ぎを繰り返すことになるわけだ。

相場で生き残るには、投機家が積み上げた部分がどれほどなのかを読む必要があるね。どんな好材料でも、投機筋が買いすぎていたなら『材料出尽くし』として売られてしまうことになる」

舞子は恐る恐る尋ねてみた。

「それでは元の木阿弥となるわけですか？」

テツは舞子のこの質問に、にやっと気持ち悪く微笑んで、スクリーン上のチャートを指差した。

「このチャートにトレンドラインを引いてみるね」

そう言って、テツはマウスを使ってチャートの安値と安値とを結び、スクリーン上に右上がりの直線を引いた。

「このように底値が切り上がってゆくのを『上昇トレンド』と呼ぶ。ここの安値と安値、ここの安値と安値とを結んだ線を一辺とする直角三角形は、相似の関係にあるのが分かる？」

【トレンドライン＝Trendline】 いくつかの上値、いくつかの下値を結び、株価の方向性を知ろうとする直線。上値を結んだ線が切り下がっていると下降トレンド、下値を結んだ線が切り上がっていると上昇トレンドとなる。

図 2-1　トレンドライン

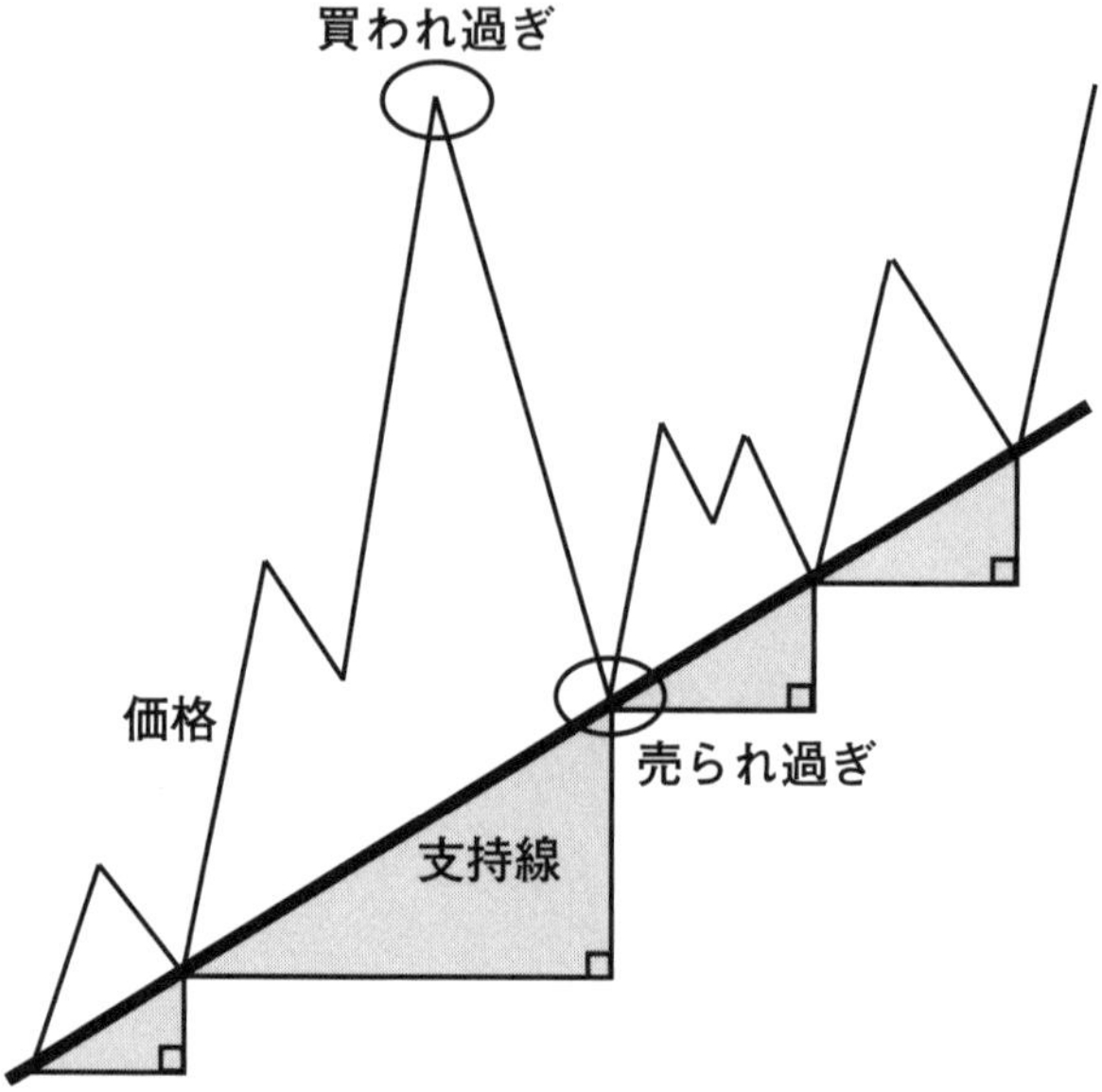

支持線を１辺とする直角三角形はすべて相似形
＝同じ時間をかければ同じ幅の値上がり
＝秩序ある需給
＝実需、投資家の関与？

【支持線】サポート。ある価格帯を超えて相場が下がりにくいとみられる場合にその価格水準を示すテクニカル用語。トレンドラインでは安値を結んだ線。

テツは全体に右上がりのチャートがトレンドラインとぶつかっている、いくつかの2点（切り上がる安値）を結ぶ線を斜辺とした直角三角形をポインターで指し示して言った（**図2―1**）。そしてトレンドライン上の左側の1点から直角に至る、三角形の底辺に当たる横線を指して続けた。

「この横線は時間で、この直角から次の安値に結ぶ縦線が価格の上昇だ」

そういってテツは直角三角形の高さに当たる1辺をポインターでなぞった。

「これらの三角形はすべて相似なんだ。つまり、同じ時間をかければ同じ値幅で上昇していることを示している。ぼくはこの部分が構造的な価格上昇の部分だと見ている」

トレンドライン上には五つの安値に当たる点があったが、テツはそれらの点を頂点とする四つの直角三角形がすべて相似の関係にあると説明した。

「あっ、本当だ。チャートだけ見るとただのジグザグの線なのに、1本の線を引くだけで規則的な動きに見えるわ」

「このトレンドラインは弱気で売り込まれても、それ以下には下がらない線なので『支持線』と呼ぶんだ」

「ふーん、不思議だわ。でも、支持線が破られることもあるんでしょう?」

【抵抗線】レジスタンス。ある価格帯を超えて相場が上がりにくいと見られる場合にその価格水準を示すテクニカル用語。トレンドラインでは高値を結んだ線。

図 2-2　投機筋の関与

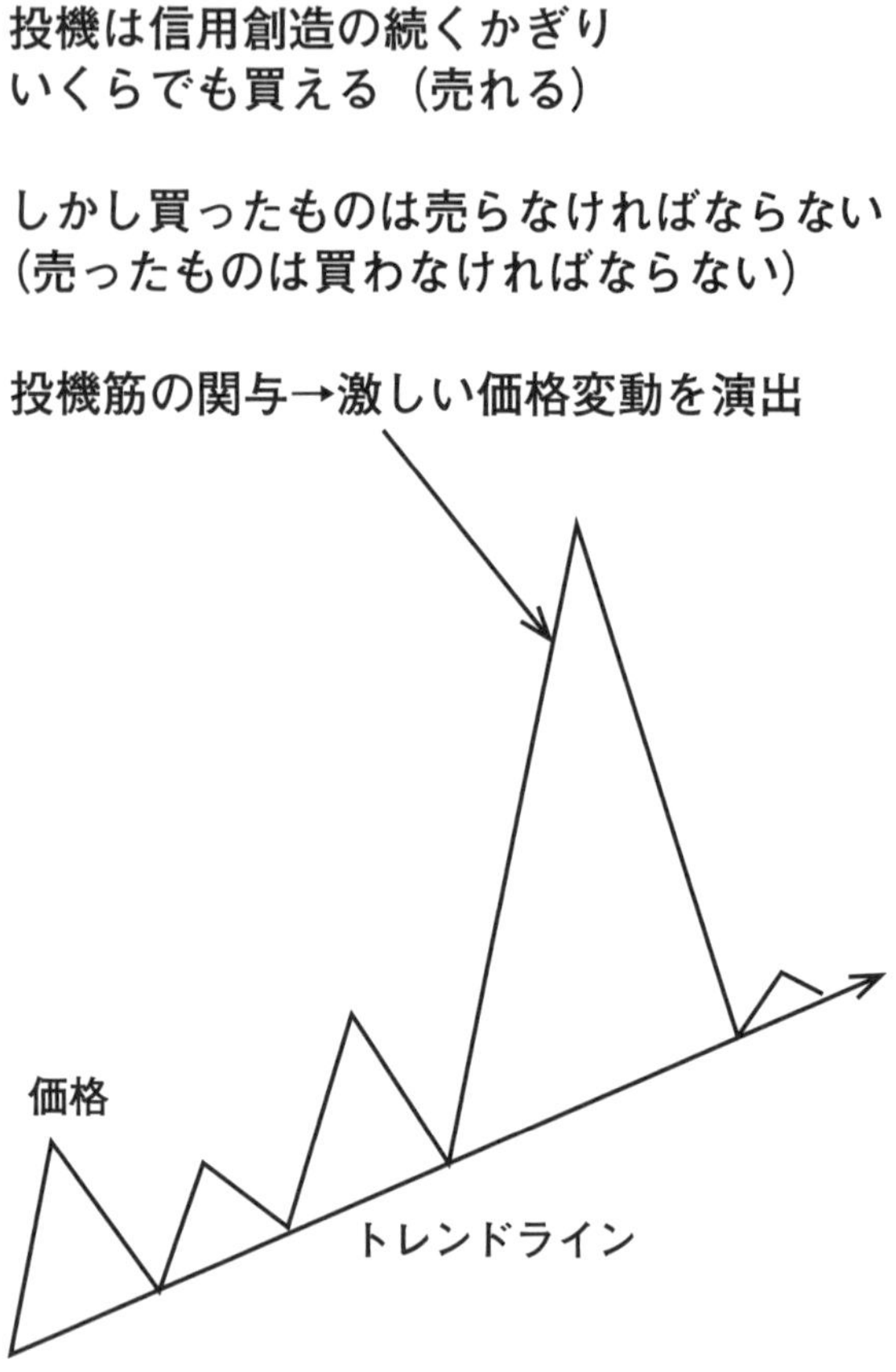
投機は信用創造の続くかぎり
いくらでも買える（売れる）
しかし買ったものは売らなければならない
（売ったものは買わなければならない）
投機筋の関与→激しい価格変動を演出
価格
トレンドライン

【往って来い】「いってこい」。行って、帰ってくるの意。相場がある水準まで上がった後にもとの水準まで下がる、あるいは相場がある水準まで下がった後にもとの水準まで上がること。

舞子は率直に疑問に思ったことを聞いてみた。

「あるさ。そのときはトレンドに変化があったと見なす」

テツはスクリーン上のチャートを長期に変えて、トレンドの変化を教えた。

「そしてこのトレンドラインから大きく離れている部分が投機筋の関与なんだ（図2―2）。だから投機筋に惑わされないで買うには、支持線まで売り込まれたところで買うのが、もっとも効率的かつ割安に買えることにつながる……。それはともかく、株価を動かす材料に戻ろう」

テツはデスクに置かれたままの『値上がる株に投資しろ』のテキストを指差して言った。

「そのテキストでは、その材料が本来持つ性格を説明し、株式市場にとって好材料か悪材料かの決め付けがされてある。ぼくはそのうえで注意すべき点をできるだけ実践に即して、つまり投機筋の存在を含めて説明したいと思う。

人は誰しも予想もできないことには、なかなか対処できないものだ。相場では『パニックになった者が負ける』と言える。

避難訓練や救助訓練と同じ。あらゆる場面をあらかじめ想定し、その際の対処の仕方を考えておくのは、とても大事なことなんだ」


【レバレッジ＝Leverage】 テコの原理から転用。信用（借入金など）を用いて少ない資金で大きな取引をすること。投資した資金に対する損益の比率が大きくなる。ギアリング。

1. 企業業績

テツはテキストをぱらぱらとめくって、舞子に渡した。

「そこの企業業績のところから読んでみて」

舞子は読み始めた。


株式投資の原点は企業業績です。事業家は株式市場などで調達した資金を事業で運用し、利益を計上します。

投資家の側から見れば、自分で事業を行う代わりに、事業家に資金を預けて運用を任せます。その成果が業績です。

ですから、例えば利益が出せず赤字などということになると、『俺の大事な

【適正価格＝ Fair Value Price】需給や経済のファンダメンタルズを分析した結果、適正と思われる価格。

資金を使っていながら、経営者はいったい何をやっているんだ』となります。経営に携わる者が不正な運用などで会社に損害を与えた場合などは、株主訴訟ということもあるわけです。

業績を見る主な指標には次の項目があります。

●売上（※業態によっては、営業収入、経常収益、営業収益、正味保険料などと明記）
通常1年間の売上高。

売上を超える営業利益はないので、売上が伸びるのは好材料……


テツが口を挟んだ。

「英語で株式のことを何て言うか知っている？」

「ストック（stock）ですか？」

「ストックとも、シェア（share）とも言う。ストックとは『木の株』のことで、シェアとは『分け前』のことだ。つまり株式投資とは株分けした会社の所有者になることなんだ。発行株式の1％のシェアを持っているということは、その会社を1％分だけ所有しているということになる。株主は会社のシェア分だけのオーナーということだ。

エクイティ（equity）という言葉もあるけど、これはもともと『公平』とか『公正』とかという意味。持分の証明だね。

アングロサクソン流の考え方では大航海時代の船長に航海や商品の買い付けを任せたころからの伝統なのか、株主は自分で会社経営をする代わりにプロの経営者を雇って、より有効に資金を運用させようとする。すなわち会社の社長はプロ野球の監督のようなものだ。そして成績つまり業績が悪いと首のすげ替えなども簡単に行われることになる。

ごめんごめん、次読んで」

舞子が先に進みたがっているのを察して、テツは促した。

「ええと、売上の次ですね……」

●営業利益（※銀行は業務純益、損保は保険引受利益）
売上から売上原価、販売・管理費用等を差引いたもの。事業本来の収益で、会社の実態を見るうえでの基本指標。

増益は好材料。売上増と合わせて、増収増益はもちろん好材料。

●経常利益
本業の利益（営業利益）に営業外損益（金融収支など）を加減した基本的な利益。

経常益増はもちろん好材料なのですが、営業外損益は水ものともいえますので、中身を十分に吟味する必要があります。

●税引後利益（当期利益）
経常利益に特別損益（土地の売買損益など）を加減して、法人税、住民税、法人事業税を差し引いたもの。

増益はもちろん好材料ですが、特別損益は一時的なものが多いので、はやしすぎで買われているような場合は、売り材料にされることもあります。

●1株（当たり利）益

税引後利益（当期利益）を発行済株式数で割ったもの。規模のメリットに惑わされず、1株当たりのリターンを比較できるため、業績を比較するのに最も便利な指標。

増益は好材料。注意点は経常利益、税引後利益（当期利益）に同じ。

●1株配（当）

1株当たりの現金配当金額。増配は好材料といえるものの、高配当は評価の分かれるところです。

配当が多いことは喜ばしいことに違いありません。しかし、利益を新たな設備投資に当てたり、内部留保として置いたりすることは、事業に対する前向き

【配当利回り＝Dividend Yield】 株価に対する年間配当金の割合を示す指標。1株当たりの年間配当金額を現在の株価で割って求める。

の姿勢とも言えます。株主に対する利益の還元は、配当だけによるものではなく、さらなる成長、すなわち株価の上昇でも行えます。

●ROE（Return On Equity）

株主資本利益率。当期利益を期末株主資本で割ったもの。株主資本を使ってどれだけの利益をあげているか見る比率です。この比率が高いのは好材料。最も的確に経営者の優劣を判断できる指標との見方もあります。

●CFPS（Cash Flow Per Share）

1株当たりのキャッシュ・フロー。企業が保有する現金、預金を発行済株式数で割ったもの。この数値が高いのは好材料。資金繰りがつかないために黒字倒産などという例もあることから、近年ことに重要視されだした指標です。

高すぎるCFPSは、資金の有効利用ができていないとして、LBOの標的になる場合もありますので、その側面からも株価には好材料です。

【配当性向＝Payout Ratio】 会社が当期純利益（税引後の利益）のうち、どれだけを配当金の支払いに向けたかを示す指標。配当性向は1株当たり配当額を1株当たり当期純利益で割って求める。

企業業績に関する項目を読み終えて、舞子は一息ついた。テツがコメントを付け加えた。

「企業業績の数値は、株主が提供した資金がどのように運用されているのかを知る基本的な数値だ。だから株式投資の本質に関わるものだと言える。でもね、これらの数値の取り扱い方も、投資と投機とでは違ってくるんだ。昨日説明した投資と投機の違いを覚えている？」

舞子は昨日のメモを取り出した。投下資本の運用が投資。機（タイミング）に投じるのが投機と書いてある。

テツが続けた。

「投資では、ある企業の絶対的な数値の伸び率を、過去5年から10年にさかのぼって見るのがよい。企業業績の『継続性』を見るんだ。

また、投資では企業をより詳しく知る必要があるので、バランスシートが読めるようにならないといけない。バランスシートとは、企業がどのように資金を調達（負債）して、どのような形で運用（資産）しているのかを表にしたものだ。ここでは株主などから調達した資金が果たして有効に活用されているかが焦点となる。成績証明書のようなものかな。これは分かるよね」

【バランスシート】 企業がどのように資金を調達（負債）して、どのような形で運用（資産）しているのかを表にしたもの。

舞子は、だまって頷いた。

「一方、投機ではこれらの数値に反応する場合、絶対値ではなく前期比（前年同期比）で見る。あるいは『市場のコンセンサス』と言われている、有力アナリストなどがはじきだした予測数値との比較で見るんだ。

　市場は材料をすぐに価格に織り込んでしまうので、どんなに良い数値であっても、『そんなことは誰でも知っている』ような場合には、逆に売られることも多い。これは予測数値が良いと投機は必ずといってよいほど買い過ぎるし、買ったものは売らなければならないからだ。したがってデイトレーディングなどでは、あえて細かなことは忘れ去って、予測数値だけに注目してもよいだろうね。

　例えば、予測数値が上方修正されたなら買う。実際の数値が予測数値を上回っていたなら買う。買われてきた相場で、実際の数値が予測通りだと売るといった具合だね」

　この辺りのことは舞子にはまだ分からない。舞子は分からないなりに納得しようとした。テツが続けた。

「これらの数値が発表されるのは、当然、決算が終わってからだ。つまり成績発表のような、結果の数値なんだ。でも、相場も企業も生きているので、過去に起こっ

【デイトレーディング＝Day Trading】 日計り（ひばかり）。その日のうちに売買を完結させ、損益を確定させる取引。

た事柄だけを押さえていても、未来に繋がる投資はできない。いつでも次に何が起こるのか、これら業績の数値にどのような変化が現れるのかを予測しなければならない」

サプライズ

テツは新聞の『産業・流通』欄をパラパラとめくりながら言った。

「会社の将来に好影響を与えそうなこととしては、新商品の開発など、驚くようなこと、新しいことに注目する必要がある。例えば『癌の特効薬を発見』などというニュースは、株価に大きなインパクトを与えるだろうね。また、経営陣が変わることも、とりあえず好感してよい材料だ。経常益の最高更新もよいね。なにごとでもブレイクしたという事実は、将来に期待を抱かせるから。

テクニカル分析では、株価の新高値は買いのサインとなる。前の高値の手前では利食いの売りや、値ごろ感からの空売りが出たりするものだ。そこを抜いて『新高値』をつけると、損切りのための買い戻しや、もう一度ポジションをつくりなおす連中が出てくる。

図 2-3　注目すべき新しいこと

まだ投機のポジションが積み上がっていない「新しいこと」に注目する

1．新商品の開発
例えば、「ガンの特効薬を発見」などというニュースは株価に大きなインパクトを与える

2．新経営陣
とりあえず好感してよい材料

3．新最高経常益
ブレイクしたという事実は将来に期待を抱かせる

4．新高値
テクニカル分析上の買いサイン

だいたい新しい領域に踏み込んだときは、とりあえず夢を抱いてみるものなんだ。また、そういった新しいことの良い点は、まだそれほど多くの投機筋が入っていない点にもある。自分よりも後に多くの投機筋が入ってきてくれたなら、みこしに担がれて高みに運ばれる感覚を味わえるかもしれないよ」（**図2—3**）

「投資勘定、投機勘定の違いはどうですか？」

テツから分からないことを質問される前に舞子は先手を打って尋ねた。

「いい質問だ。新しいことの将来の株価への見極めは難しいから、ほとんど投機だと思っていてよいと思う」

テツは舞子の質問に気を良くして答えた。

2. 社会的評判

舞子はテキストのページをめくって、気になったところを質問した。

「この『社会的評判』というのは、どういったことですか？」

テツもテキストを開いて、その項に書いてあることを確認してから答えた。

「証券取引所に上場している株式会社は、市場で資金を調達して事業をしている。すなわち、引き受けの証券会社が認めたその会社に資金を提供する人がいるわけだから、上場しているという事実だけで、それなりの信用があり、それなりに評判も悪くないと言える。だから、社会的評判が株価に影響を与えるような場合は、ほとんどの場合がネガティブな材料だと言えるんだ」

テツは過去何年間かに世間を騒がせ、収益や株価にも大きな影響を与えた実例を示して続けた。

「こういった不正の発覚、経営陣の逮捕、明らかに過失の認められる大きな事故な

図 2-4　社会的評判

上場会社は社会的な評判を確立している

→スキャンダルは売り！
→当初の予測にない悪材料は売り
→傷のない良い銘柄はいくらでもある

ど、さまざまなスキャンダルは、ブランドイメージを低下させるだけではなく、多くの場合、金銭的な補償なども要求される。これは一時的な影響に収まらずに、将来にわたってでも企業収益を圧迫する可能性がある。甘く見るのは禁物だね」

テツが示した実例の中には、事実上倒産に追い込まれたものもあった。

「投資、投機にかかわらずスキャンダルは売りだね。当初は小さく見えたスキャンダルでも、企業の本質や体質に関わることもある。一事が万事とでも言うべき象徴的な事柄だとも言える場合がよくあるんだ。こういった当初の予定になかった悪材料が出たときは手持ちの株式は売却したほうがよい。

世の中にはいくらでも良い銘柄があるんだ。ケチのついた銘柄にいつまでもしがみつく必要はないよ」（**図2―4**）

3. 投資家動向

「舞子さん、ちょっと僕のボードの所に来てごらん」

テツは舞子を同じディーリング・ルーム内の反対側にあるディーラーの席に案内した。テツのディーリング・ボードの前には8台のモニター・スクリーンが並べてある。ボード上には直通電話の小さなボタンが数十個も並んでいた。受話器も二つあった。

「この受話器は二つ同時に使うのでしょ？」

舞子はテレビで見た光景を思い出して言った。

「下手な奴はね……。二つの受話器で両耳を塞ぐと、二つのことしか聞き取れない。ディーラーはひとつの受話器でひとつの耳を塞がれたときは、もうひとつはオープンにして世界の動きを聞いていなければならないんだ。何が起こるか分からないというのが大前提の仕事だからね。また話し中の電話のほうは、けっして耳から離

【オファー＝Offer】 レートを提示する側の売値。アスク。顧客が買える値段。
【ビッド＝Bid】 レートを提示する側の買値。顧客が売れる値段。

してはならない。こちらも受話器の向こうで何が起こるか分からないからね」

　何でもないことのようにそう言うテツを、舞子は少し尊敬した。テツは続けた。

「取引所とはマイクで話すので受話器の必要はない。セールスからの問い合わせは、このスピーカーから聞こえる。このディーリング・システムではキーボードの操作だけでディーラーができる。向かい側のディーラーたちとは手サインだけでもディールすることがあるよ」

　テツはボードに並んだスクリーンやマイクを指して説明した。

「それはそうと、ちょっとこれを見てごらん」

　テツはキーボードを操作して、ひとつのスクリーンの画面を変えた。

「これは銘柄を『スクリーニング』するシステムだ。さきほどの注目材料で、良い銘柄を選び出してみようか。そこをクリックして、適当な数字を入れてごらん」

　舞子は株価調整済みの1株益の大きい順に銘柄を選び出した。

「わあ、おもしろい。こんなにも簡単に高収益の会社をリストアップできるんですか？」

「すごいだろう。今まで学んできた企業業績の数値はすべてこれで出てくるんだ。絶対額でも株価比率でも出てくるから、規模に惑わされることもない」

【スクリーニング】 銘柄検索。

「すごい。便利ですね」

舞子は素直に感動した。

「ここに並んでいる銘柄が良い会社だというわけですね」

テツは再びキーボードを操作して答えた。

「そのとおり。高収益という意味では良い会社だ。じゃあ、この一番上にある銘柄のチャートを見てみようか」

スクリーンはもっとも高収益である会社の株価を描き出した。ところが、チャートは右肩下がりとなっている。

「えっ？　この会社、値下がりしているじゃないですか？」

舞子は驚いて言った。

「ああ、日経平均が安値を更新しているからね」

そっけないテツの答えに、舞子は少しがっかりして聞いた。

「どんなに高収益でも、市場には逆らえないってことですか？」

テツは再びキーボードをいじって答えた。

「そうとも言える。じゃあ、ちょっとこのチャートを見てみて」

そう言うと、テツは確実に上昇している株価のチャートを指し示した。

「あ、値上がりしている。これも高収益な銘柄なんですよね？」

テツは笑いながら答えた。

「ところが、赤字会社なんだ」

またた。分かりかけてきたと思ったら、はぐらかされる。舞子は混乱してきた。

「それでは、何を基準に銘柄を選べばよいのですか？」

「そう簡単には行かないよ。ただ、どんなに良い会社でも『誰かが買わなければ株価は上がらない』と言える。逆の方角から見れば、『何が買われているか？』といった投資家動向を知ることによって、良い会社、上がりそうな銘柄を見つけることができる場合があるわけだ」

出来高

テツはテキストをパラパラとめくって言った。

「ここのところ読んでくれる？」

「この出来高のところからですか？」

舞子は読み始めた。

●出来高（売買高）

継続した出来高の増加は株価上昇の先行指標と言われています。

出来高の増加は新しい資金の流入を意味していますので注目する必要があります。自分が知らないだけで、何か良いニュースがあるのかもしれません。

出来高は公の数字なので、これに反応して買ってもインサイダー取引にはなりません。ですから積極的に関与しましょう……

読み進もうとする舞子を止めて、テツが言った。

「出来高とは売買株数のことだ。だけど、もうひとつ似たような指標に売買金額というのがある。値がさ株（株価の高い株）を売買すると売買金額がかさむので、売買金額上位の常連銘柄は値がさ株が多くなる。

一方、比較的少額な資金でも、低位株（株価の低い株）を売買すれば、より多くの株数を売買できる。つまり、出来高上位の銘柄の方には低位株の方が顔を出しやすくなるよね。

では、両方の上位に顔を出す銘柄は、どんな銘柄かな？」

舞子は少し考えてから答えた。

「人気が高い銘柄ですか？」

「そのとおり。人気が非常に高くないと、両方に顔を出すことはできない。だんだんのみ込みが良くなってきたね。

ここで考えてみてほしい。ある銘柄が低位から中位、値がさへと上昇していく過程で、出来高に変動がなければ、売買金額は自然に上昇していくよね。1株にかかる金額が増えるのだから。一方で、株価が上昇しているのに売買金額に変動がないとすれば、それは出来高が減少していることを意味している。分かるよね。

このように、出来高は資金の流入、流出を暗示しているから『相場のエネルギー』を表してくれているんだ。だから株価の位置と、そのエネルギーとを複眼的に判断することで相場の強弱を推し量ることも可能だと言える。これらを整理すると、相場の出来高と株価の関係は次の四つに大別できることになる」

そう言うと、テツはそばにあった紙の裏に次のように書いた。

①株価上昇＋出来高大＝多くの資金が流入　→相場が強い
②株価上昇＋出来高小＝流入資金が増えていない　→弱さを内包
③株価下落＋出来高大＝資金が流出　→相場が弱い
④株価下落＋出来高小＝流出資金に歯止め　→強さを内包

「このように出来高で相場のエネルギーを推し量ることは、市場全体にも個別銘柄にも適用することができる。

ただし、何事にも行き過ぎは禁物で、上げ下げのトレンドがしばらく続いた後で、いきなり出来高が急増したなら、エネルギーを出し尽くした可能性が出てきている。そういった出来高の急増で得たものが、結局は長い上ヒゲ（高値は更新するが、高値より相当下で引ける）や、長い下ヒゲ（安値は更新するが、安値より相当戻して引ける）だったとすれば、狼狽買いや狼狽売りが出た可能性が高く、相場は相当の確率で反転することになる。

また、出来高の大きな価格帯は、売り買いのエネルギーを蓄えていることから、株価の下にあればサポート、上にあればレジスタンスとして作用するとみなされているんだ。じゃあ、その次を読んでくれる?」

●**投信の設定**

新しい株式投信が設定されると、ポートフォリオを構築するために株式を買ってきます。出来高の増加は確かに新しい資金の流入を意味しているのですが、どういった資金かまでは分かりません。構造的な要因のところの説明で分かるように、どんなに大きな量を買っても、その日のうちに売り戻してしまったなら、明日の相場に与える影響はありません。

投信の買いは長期間保有を前提とした買いですので、選ばれた銘柄の好材料になります。

●**外国人動向**

会社四季報や日経会社情報などの株主の欄には、大株主の保有比率が列挙し

【アクティブ運用】アクティブとは「活動的な、積極的な」という意味。ベンチマークとなる市場インデックス(日経平均など)とは異なるポートフォリオを構築する運用。相場観や投資理論、銘柄選別、テクニカル分析による運用など、個性やテーマがあるファンド。

てあります。三菱グループなら三菱系の企業が並んでいるわけですが、なかにはカタカナ表記の外国人による保有があります。

一口に外国人動向といっても、投機筋の買いや、裁定取引の売りなどもあり、それが株価にどのような影響を与えるのかは一概には言えません。

しかし、大手の投資家による大量保有には、それなりの根拠があると考えられますし、それを増加させていたなら、なおさらです。ことに外国人のファンドマネジャーは日系の機関投資家のファンドマネジャーと違い、サラリーマンではありません。ですから、一般に投資に対する姿勢は、より厳しいと言えるでしょう。

日本株保有をドル建てで資産配分しているところは、ドル高円安になると円資産が減少しますので、比率を維持するために買ってきます。そういったところに保有されている銘柄は、ドル高時の円安メリット、デメリットに関わらず、一定量の買いものが期待できます。

【パッシブ運用】パッシブとは「受身の、消極的な」という意味。相場観による個別銘柄への投資よりも市場全体への投資が効率的であるとし、市場の平均的なリターンを追求する投資法。この投資法では、株式、債券、キャッシュ、外貨などの資産配分の妙が巧拙を分ける。

●インデックスの入れ替え

多くのファンドの運用成績をはかる指標として用いられるS&P500種平均や日経225種平均などといった株価インデックスは、その構成銘柄を折に触れて入れ替えます。

ファンドのなかにはインデックスなどの構成銘柄をそのまま組み入れているものがあります。そういったインデックスファンドは銘柄の入れ替えがあると、除外銘柄を売り、補充銘柄を新たに買い入れます。

また年金基金などの投資規定で、ポートフォリオに組み入れる銘柄はインデックスの構成銘柄に限るとされているようなところが、除外銘柄を保有していたなら、売るしかありません。

企業合併や破綻にともなって上場廃止になると、当然のことながらインデックスから除外されます。また上場廃止でもないのに除外されるような銘柄は、一部リーグから二部リーグに落ちるようなものですから、そのままで売り材料と言えるでしょう……

【インデックス】 指標。新聞社、投資雑誌社などが作成し、市場が指標として認めたもの。S&P や TOPIX など。

テツはもう一度キーボードを操作して、スクリーンに少し前のオンラインニュースを映し出した。
「この記事も読んでみて」

【日経平均、7銘柄を入れ替え】

日本経済新聞社は9日、日経平均株価の一部構成銘柄を入れ替えると発表した。除外するのは企業再編による統合・合併で上場廃止される7銘柄。補充は共同持ち株会社3銘柄のほか4銘柄。入れ替えはY月23日からZ月3日までの間に4段階で実施する。

今回の銘柄入れ替えでは上場廃止会社以外の除外はない。補充はX月1日から適用した改定ルールに沿って持ち株会社3銘柄を自動的に採用するほか、新規に4銘柄を選定した。新規採用4銘柄は（1）市場流動性が東証1部全体で上位75位以内、（2）セクター（業種）ごとの採用数バランスをみて不足する業種から選ぶ――という銘柄選定ルールによった。

【機関投資家＝ Institutional Investor】 投資顧問会社、生命保険会社、損害保険会社、信託銀行、投資信託会社、年金信託、証券会社、銀行など、個人や企業から預かった資金を運用する企業投資家のこと。

ただ、持ち株会社による統合の場合、証券制度上の理由で母体会社の上場廃止から持ち株会社の上場まで数日の空白がある。この間はつなぎの銘柄補充はせず、一時的に225未満の銘柄で日経平均を算出する。

「ここにある新規採用の4銘柄のチャートをスクリーンに出してみるよ」

テツはひとつのスクリーンを4分割にして、新規採用4銘柄のチャートを映し出した。

「日経平均が安値を更新しているというのに、これらの銘柄はいずれも年末ごろから上げ始めている。いったん売られていたA社ですら、このところまた持ち直しているよね」

「わあ、おもしろい。企業収益の数値などよりも、こちらの方が当てになりそうだわ」

舞子は目を輝かせた。

「テキストにもあるように、入れ替えによって投資家が買ってくることも事実だ。それを見越して投機筋も買いを膨らませる。だから投機筋が買い過ぎている銘柄

【SQ = Special Quotation】特別清算指数。株式先物取引や株価指数オプション取引の最終決済をするための価格（清算指数）のことを言う。満期日前に反対売買による決済を行わないときの清算価格として使用される。

は、熱が冷めたころに大きく売られる可能性も否定できないんだ」

バブルは崩壊する

舞子がやけに真面目な顔をして言った。

「投資家が買えば上がるのだとすれば、買い続ければ……て言うか、買ったものを売らなければ株価って下がらないの？」

テツが我が意を得たりというふうに、にっこりとして答えた。

「買い続ければバブルは崩壊しないで済むのかということだね？　良い質問だ」

そう言うと、テツは側にあった紙の裏に右上がりの直線を引いて、100、1000、2000、3000、4000と書き込んだ。

「平均的な投資家の資産が10000円だとする。100円の株なら10株買えるよね。

その株が値上がりして1000円となる。すると同じ1000円でも1株しか買えなくなってしまう。

これがどんどん値上がりして4000円になったとする。このときこの株に投資

【NTレシオ＝Nikkei225/Topix Ratio】日経平均株価（日経225）を東証株価指数（TOPIX）で割ったもの。知名度の高い225銘柄と東証1部全銘柄との買われ方が比較できる。

して資産を増やしている人以外の、すなわち新規参入者の平均的な資産が１０００円のままだとすると、１株を買うのに３０００円の借金をしなければならない。

つまり金利負担がかかるんだ。信用で買っても同じこと。持ち金と株価との差額が大きければ大きいだけ金利負担も大きい。このことは値上がり前の株なら大量に買えたのに、値上がり後は大きな金利負担をしても数株しか買えないような状況を生む。当然、株価を押し上げる買い圧力は弱くなるよね」

テツはメモに簡単な走り書きをしながら続けた。

「株価が高くなると新規参入者が入りにくくなる。新規発行時点からの異常な値さ株は、小口投資家の参入をはなから拒んでいると考えてよいくらいだ。株式分割をすると株価は安くなるけれど、発行株式数が増えるので、経済的な効果は同じだと言える。どちらの場合でも値上がりが鈍くなり、値上がり益が金利負担をカバーできなくなる。金利負担が大きく、体力のない者から順に脱落してゆく。

そういった売り物が出て、ますます値上がりをしにくくなる。金利負担の恐いところは時間に比例して負担の絶対額が増えてゆくことなんだ。我慢すればするほど体力が奪われてしまう。

売り圧力はそれだけじゃない。値上がりしてポートフォリオにおける資産の割合

【信用取引＝ Margin Trading】 証券会社が顧客に信用を供与して行う株式の売買のこと。顧客が「委託保証金」と呼ばれる一定の担保を入れて、証券会社から株券や資金を借りて株式売買をすること。

図 2-5　売り圧力の構図

平均的な投資家の資産＝ 1,000 円とする

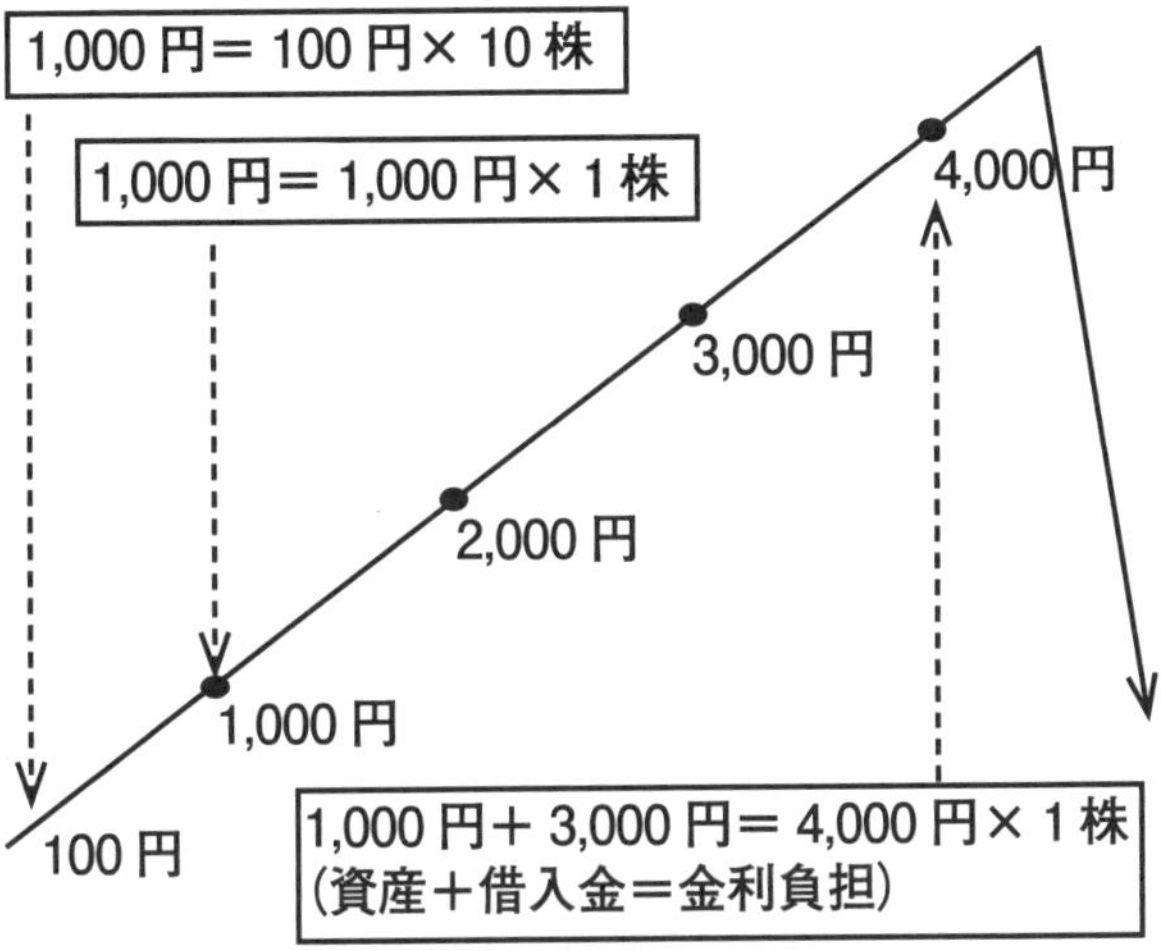

さらに
100 円株→ 4,000 円株になる
→ポートフォリオに占める割合が 40 倍になる
→資産比率を保つための売り物が出る

【貸借取引】 信用取引では、証券会社が顧客に資金や株券を貸すことで売買の決済をするが、制度信用取引において証券会社がそれらを自社で調達できない場合、証券金融会社から融資や貸株を受け、それにより決済をする。このような制度信用取引を保管する証券会社と証券金融会社との間の取引。

が高まってしまうと、比率を一定に保とうとするところの売りが出てくるんだ」（図2―5）

そして右上がりだった直線を一気に下に引いた。

「これはひとつの銘柄でも起きるし、一国の市場全体でも起きる。国際分散投資でのその国の比率が上がり過ぎてしまうからね。また他のどんな金融商品でも、どこかの時点で例外なく起きることだ。バブルは市場の『内部要因』だけでも必ず崩壊するんだ」

「市場の内部要因って、何ですか？」

テツの話はうっかり聞き流していると、後で振り返ったときに分からなくなる。舞子は少しでも疑問に思ったことは聞いておくことにした。

「自律反発ってのを聞いたことない？」

「自律神経ならありますけど」

正直に舞子は答えた。

「ははは。似たようなものだね。自律反発ってのは、特にこれといった材料があるわけでもないのに、ショートポジションの手仕舞いによって反発してしまうことだ。自律神経と同じで内部要因なんだ。

【証券金融会社】 証券取引法に基づく内閣総理大臣の免許を受けた証券金融専門の株式会社。現在、日本証券金融（日証金）、大阪証券金融（大証金）、中部証券金融（中証金）がある。

何度も言っているように、投機的なポジションは必ず閉じられる。買われた相場は売られ、売られた相場は買い戻される。これは必ずしも外部要因の影響を受けない。もちろん、どんな要因も大なり小なり影響し合っているわけだけど、自律的な動きとはもっぱら市場参加者の都合だけで起きる動きなんだ。

　例えば、誰かのショートカバーで株価が上がる。一定幅で上がってしまうと損切りの買いオーダーがついてさらに上昇する。後はその連鎖で損切りを次々と巻き込んでゆく。このとき当初のショートカバーは単に『ランチに出る前にポジションを閉じておきたかったため』などということがある。ショートが膨らみ過ぎていると、このようなことも起こり得るんだ」

「へーえ。そんなことでも相場が上がってしまうんですか？」

　舞子は驚いてしまった。

「ああ、このようなことも一般の人が考えている以上に起きている。でも、どんな場合でもマスメディアが適当に理由をつけてくれて、世間が納得するようにしてくれるんだ」

　舞子は相場がますます分からなくなって、考え込んでしまった。テツが続けた。

「バブルの末期は、すべての人が買い過ぎている状態なので、それこそ誰かの気ま

【証券金融会社の業務】 証券金融会社の主な業務は次の３つ。①証券取引所の正会員会社に対して信用取引の決済に必要な金銭または有価証券を貸し付ける業務、②証券会社が公社債の引受・売買に伴って必要とする短期の保有資金を貸し付ける業務、③証券会社および個人投資家などに対する貸付業務。

図 2-6　バブルの末期

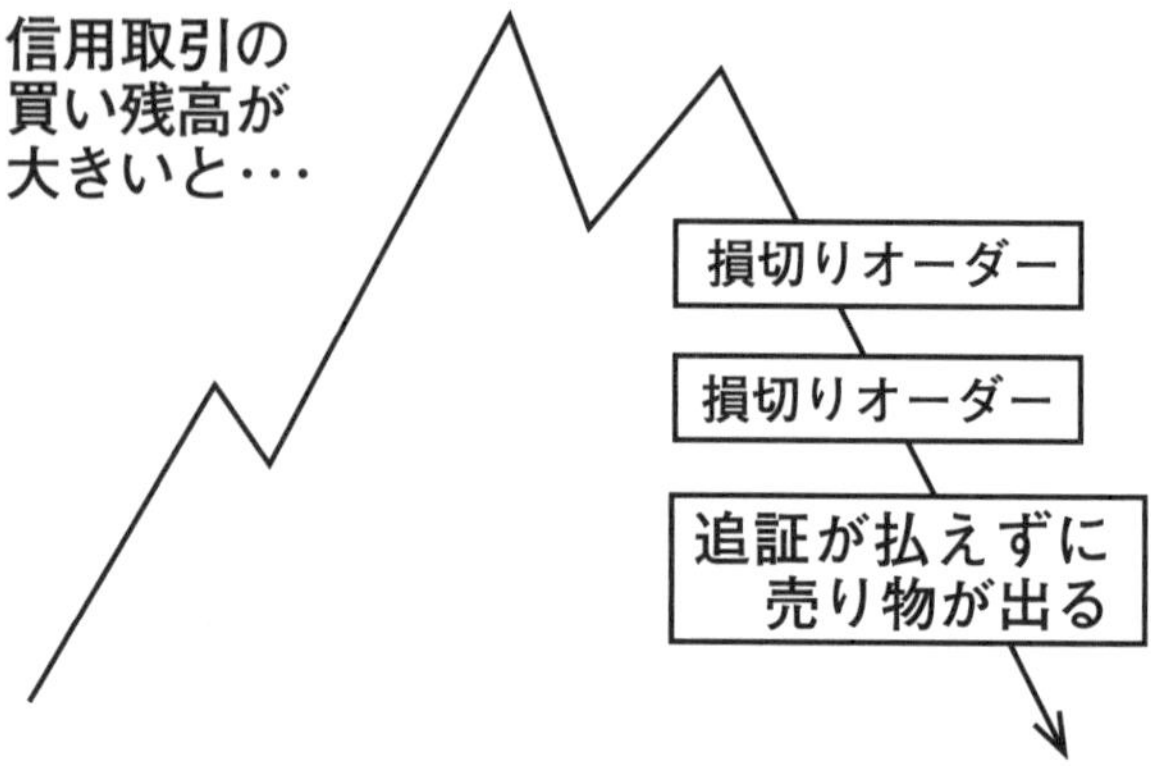

ぐれな売り物でも急落する危険をはらんでいる。下げ始めると信用買いの追証が払えない投資家から、次々に売り物が出てくるようなことも起こる」
「それが内部要因によるバブルの崩壊なのですね」
「そのとおり。だからこそ信用取引の残高には常に注意を払わないといけないわけだ」（**図2―6**）

【追証＝Margin Call】か「おいしょう」と読む。追加証拠金の意味。信用取引の継続中に顧客が差し出す追加担保のこと。相場の変動に伴い損失が発生し、差し出している委託保証金の総額が必要額より不足した場合、当初入れた保証金（証拠金）に加えて追加する証拠金。

4. 景気動向

「そういった内部要因とは対照的に、景気動向などは市場の『外部要因』だと言える。景気動向は今まで話してきたような個別企業に関する要因ではなくて、市場全体、全企業、あるいはあるセクター全体に影響を与える要因なんだ。マクロの主要経済指標は、いずれも景気動向に関係していて、市場の外部要因だと言える」

そう言うと、テツは側にあった紙の裏側に主な経済指標を書き始めた。

●GDP（国内総生産）
●マネーサプライ（通貨供給量）
●鉱工業生産指数
●大型小売店販売

【国内総生産＝GDP】 ある国が生み出した財（物）やサービスの総額。日本では内閣府が集計。GDPは外国人による国内での生産を含み、自国民による海外での生産を含まない。一方、国民総生産（GNP）は、ある国が生み出した財やサービスの総額。自国民による海外での生産を含み、外国人による国内での生産は含まれない。

●住宅着工件数
●機械受注
●卸売物価指数
●消費者物価指数
●通関統計
●失業率
●景気動向指数
●企業在庫

「これらマクロの指標を大きく分けると、経済の成長率を表しているもの、インフレ率を表しているもの、外需内需のバランスとも言うべき国際収支とになる。これら三つで総合的に日本の景気動向を伝えているんだ」

舞子は聞いたことをメモしようとした。

「今はメモしなくていい。この紙をあげるから。これらの経済指標に加えて、日銀短観も景気の動向を伝えている。下げ相場でも上がる銘柄はあるんだけど、景気が

【マネーサプライ＝Money Supply】通貨供給量。市場に流通している通貨の量。金融機関以外の民間部門が保有する現金通貨・要求払い預金、定期性預金などの残高。

参考Web

●ＧＤＰ（国内総生産）
　内閣府　http://www.esri.cao.go.jp/

●マネーサプライ（通貨関連統計より）
　日本銀行　http://www.boj.or.jp/

●鉱工業生産指数
　経済産業省　http://www.meti.go.jp/

●大型小売店販売（商業販売統計速報より）
　経済産業省　http://www.meti.go.jp/

●住宅着工件数（建設関係基礎統計資料 より）
　国土交通省　http://www.mlit.go.jp/

●機械受注
　内閣府　http://www.esri.cao.go.jp/

●卸売（企業）物価指数（物価関連統計より）
　日本銀行　http://www.boj.or.jp/

●消費者物価指数
　総務省統計局　http://www.stat.go.jp/

●通関統計（貿易統計）
　財務省関税局　http://www.customs.go.jp/

●失業率（労働力調査より）
　総務省統計局　http://www.stat.go.jp/

●景気動向指数
　内閣府　http://www.esri.cao.go.jp/

●法人企業景気予測調査
　内閣府　http://www.esri.cao.go.jp/

【鉱工業生産指数＝Industrial Production Index】経済産業省が鉱業と製造業（一部）の生産量を指数としてまとめたもの。生産、出荷、在庫、在庫率が提供されており、在庫残高を指数化したものに在庫指数がある。

悪く、株式市場が振るわないときには、債券に投資するか、預貯金などにポートフォリオの重点を移すというのが賢明だと言われている」

舞子は先ほどテツが見せたチャートを思い出した。

「市場が安値を更新するときでも、値上がりする銘柄はありますよね」

テツはそっけなく言った。

「そうだね。でも、今話しているのは一般論だから。個別銘柄にはさまざまな事情がある。

一方、インフレ率が高いと債券など金利商品の価値を浸食するんだ。現金（キャッシュ）やタンス預金などもその価値を下げてしまう。インフレとはお金に対して物の価値が上がることを言う。ディスインフレとは物に対してお金の価値が上がることだ。経済成長がインフレを誘発し、過熱感を抑えるための金利高がまだ効果を発揮していない間は、株式や不動産投資に資金を置くのがよいと言えるだろうね。もともと株式も不動産もインフレヘッジと言われているくらいだから」

テツはメモを舞子に渡しながら続けた。

「いま言ったのは投資勘定のことだ。ここでも投機の場合は、予測数値の変更、実際の数値と予測数値との乖離だけに注目していればいい」


【景気動向指数＝DI/CI】 生産、雇用などさまざまな経済活動での重要かつ景気に敏感な指標の動きを統合することで景気の現状把握と将来予測に資するため内閣府が作成した総合的景気指標。

5. 金利

「舞子さん。では景気が落ち込んでいるときに、政府が打つ手には何があると思う？」

テツの急な質問に、舞子は補正予算だとか、ゼロ金利政策などという言葉を耳にしたことを思い出した。しかしそれが正しい答えとなるのかは確信できない。

テツは舞子に考える時間をほとんど与えずに自分で答えた。

「一国の景気が落ち込んだとき、あるいは熱くなりすぎたとき、またはインフレ懸念が起こったときに、政府として打つ手には金融政策と財政政策とがある。

金融政策とは通貨の供給量を調整することと金利の調整だ。主な金利には

……」

と、またまたそばにあった紙の裏に書き始めた。

【政策金利＝Official Interest Rate】 日本の公定歩合やアメリカのフェドファンド金利など、私たちがお金を貸し借りするときに取り決める金利のおおもとの基準となる金利。

●公定歩合
●ロンバードレート（債権担保貸付金利）
●コールレート（オーバーナイト金利）
●スワップレート
●債券の利回り

「このうち、まるこう（公定歩合）とロンバードが『政策金利』と呼ばれるもので、景気とインフレの舵取りとして日銀（日本銀行）が調整する。残りの三つは市場金利だ。こちらは誰が調整するわけでもないけど、需給によって実際の調達、運用の金利となる」

テツはメモに政策金利、市場金利と書き入れた。

「政策金利は緩和や引き締めといった、金利の方向に対する政府の意向を指し示すだけでなく、市場金利の大本のコストともなる。よって基本的に市場金利は政策金利につれて上下する。このことはつまり金融当局の意向が、市場参加者の調達、運

【日銀短観＝Bank of Japan's Quarterly Economic Survey】日本銀行が四半期に一度発表する「主要（全国）企業短期経済観測調査」のこと。企業の業況見通しが集約されている。

用金利を左右することになるんだ」

金利と株価の関係

舞子はほとんど金利についての知識がなかったので、質問した。

「その……緩和や引き締めって、何ですか？」

「緩和とは通貨の供給量を増やして、企業などが使いやすくすることと、金利面では引き下げることだ。反対に引き締めとは通貨の供給量を絞ったり、金利を引き上げることだ。

一般に金利の上昇は企業の金利負担を増加させ、景気後退の要因となるから、株式市場にはマイナスに働く。また高金利は物に対する通貨の価値を高め、預貯金や債券の魅力を高めることからも、株式市場の相対的な魅力を損なうことに繋がる。加えて金利高は、自国通貨高、外貨安の要因ともなるため、輸出企業のコストを高め、輸出競争力を減少させる。金利高は株式市場の大敵だね」（**図2―7**）

舞子は恐る恐る聞いた。

「でもテツさんは、先ほど経済成長がインフレを誘発し、過熱感を抑えるための金

【金融政策＝ Monetary Policy】中央銀行が行う経済政策のこと。通貨供給量を加減し、金利を上下に誘導するなどして金融緩和（景気刺激策）や金融引き締め（景気、インフレ抑制策）をすること。通常、増減税は公共投資を調整する財政政策と組み合わせて行われる。

図 2-7　金利と株価の関係

金利が上がると・・・

→企業の金利負担増
→景気悪化
→預貯金、債券の魅力高まる
→自国通貨高
→輸出のコスト増

・・・株が下がる

利高がまだ効果を発揮していない間は、株式や不動産投資に資金を置くのがよいと、おっしゃいましたよね」

テツは満足気に言った。

「よく聞いているじゃないか。そのとおりなんだ。ここで注意を促しておきたいのは、一般論として掲げた事柄が株式市場にマイナスの影響を与えるには、一定のタイムラグがあるということだ。一方、債券価格には金利の上昇が即座に反映される。高金利付きの債券そのものは魅力的なのだけど、以前に発行されている、より低金利付きの債券の値下がりを誘うからだ」

舞子のきょとんとした顔を見て、テツはさらに説明を付け加えた。

「投資勘定のためにこれらのことを整理し

【オーバーナイトローン＝ O/N Loan】 金融機関同士、ないしは大手企業相手の翌日決済の貸借金。

てみるよ。まず金融引き締めなどで、金利が上昇して行く過程では債券が売られるので、株式を保有していてよいと言える。特に金利の上げ始めの期間は、債券価格につられて株価が下がれば、押し目を買ってもよいかもしれない。

しかし、そのうちにメモに書いたネガティブな影響が株式市場に出てくるので、売り上がりのスタンスに変えてゆくんだ。金利が上げ止まり、高利回りになった債券が買われるころには、株式市場を取り巻く環境はすっかり悪化しているはずだから、そこまで持っていてはいけないね」

舞子は何となく分かったような気がした。テツが続けた。

「分からないことは、いつでも聞いてね。同じことは、逆に金利が低下して行く金融緩和にも言えるんだ。すなわち金利低下は株式市場にとって好材料には違いない。だけど、金融緩和が必要な環境とは株式を買ってよい環境とは言えないんだ。なにごともタイミングだね」

この説明は舞子にも分かった。

「これは投資勘定のためのアドバイスですね？」

「そのとおり。投機勘定では、単純に政策金利が下がれば買い、上がれば売りで、適当な値幅で利食えってところかな」


【金融引き締め＝Tightening of the Monetary Policy】 インフレ、景気過熱対策として通貨の供給量を絞ったり、金利を上げたりすること。インフレはコスト高につながり、景気が過熱すると反動が起きるので、景気拡大が持続するために行う。

6. 財政

「そうかあ。何となく分かった気がします」

舞子は何となく晴れ晴れとしてきて言った。

「今はそんな感じで十分だよ。ところで景気対策として、政府にはもう1枚のカードがあったよね」

テツが尋ねた。

「補正予算ですね」

舞子は今度は自信をもって答えた。

「うん。補正予算というか、財政政策だね。実はこちらのほうが重みがあるんだ」

そう言うと、テツはまたしても紙の裏に走り書きを始めた。

「景気の舵取りの一方の柱である金融政策は、政府に代わって日銀にまかされていて、つまり専任で担当することができる。しかし、もう一方の柱である財政政策の

【財政政策＝Fiscal Policy】国が行う経済活動のこと。不況時の景気刺激策では減税、公共事業の拡大などで民間の経済活動を刺激する配分を行い、それにより財源不足となれば国債の発行で収支を合わせる。景気過熱時の抑制策では減税の中止や、増税、国債の発行を少なくするか中止し、公共事業を縮小するなど予算全体を控えめとする。

ほうは、行政府である政府が、立法府である議会の許可をとって行うという、国としての最重要事項なんだ。簡単に裁量権を振うわけにはいかない。

どちらも究極的に通貨の流通量を加減する意味では同じだけど、機動的に調整の利く金融政策に比べて、財政は小回りが利かない。すなわち税制の変更は、その後の通貨の流通量だけではなく、生活スタイルや投資動向に長きにわたって大きな影響を与えてしまうんだ。公共投資などでは国の地形すら変わってしまう。財政とは国家の進む方向を反映している。政治そのものだからね」

政治と経済とがこんな形で密接に繋がっているのだと、舞子は初めて知った。そういえば、だからこそどこかの大学には政治経済学部がつくられたと聞いたことがある。

「舞子さんがどこかに遊びに行きたい、旅行したいと思ったときにはお金が必要だよね。お金がなければできることは限られてくる。反対にふんだんにお金があれば、舞子さんの行動にも変化が出てくる。このお金の使い道、配分を考えるのが国では財政なんだ。まあ、あまり話を広げてもかえって分からなくなるだろうから、景気対策に絞るね」

テツは続けた。

【金融緩和＝Easing of the Monetary Policy】景気刺激、デフレ、ディスインフレ対策として通貨の供給量を増やしたり、金利を下げたりすること。

「財政での景気のテコ入れには減税や公共投資の発注などがある。どちらも通貨の供給量を増やすことにつながる。金融緩和と同じだね。だから財政で大盤振る舞いのときには、金融政策では締め加減にし、反対に財政を締めれば緩めの金融政策と、バランスを取る政策を採用する国も多い。小回りの利かない財政の大きな動きを、金融政策で牽制し、微調整を行うわけだ。

ひとくちに景気対策などといっても、財政のほうは議会で審議して承認を得るまでは動けない。そこで金融政策で、例えば利下げなどの緩和策を先行させ、財政が動いて景気回復の兆しが出始めたころから、徐々に金利を上げていくという政策だね」

舞子が尋ねた。

「でも、そうすると財政政策の効果を金融政策が相殺してしまうんじゃないですか?」

「そうだね。だから政府が本当に危機感を抱いているときには、両政策を一致させることになる」

テツが続けた。

「税制の金融商品に与える影響は直接的かつ長期的なんだ。一言で述べるなら、税

【公共投資＝Public Spending】 財政政策による公共事業。不況時には拡大して民間の経済活動を刺激し、景気過熱時には縮小する。

図 2-8　財政政策と金融政策

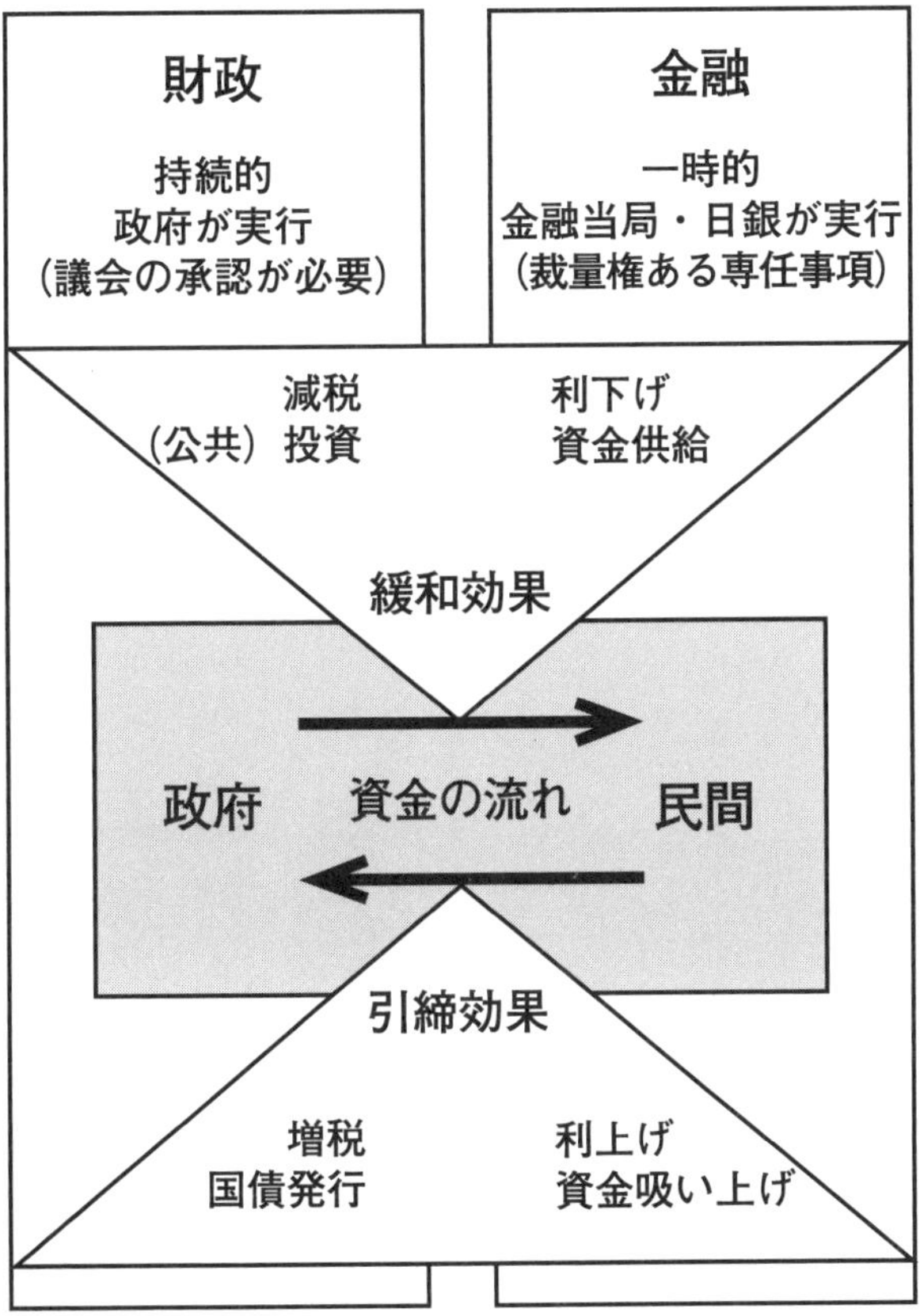

【実質金利＝ Real Interest Rate】 名目金利を物価上昇率で割り引いた金利。物価上昇率が名目金利を上回ると、実質金利はマイナスとなる。

金ひとつで金融商品は生きもすれば死にもする。もちろん増減税が実際に行われるのは小さな変化だから、生死にかかわるというよりも、元気になったり病気になったりするくらいだろうけど」

テツがメモを舞子に渡しながら言った。

「公共投資も含めて、資金の流れに注目するなら、政府から民間への資金放出が拡大すると緩和効果で『買い』、民間から政府への資金の吸い上げ（または放出の減少）だと引き締め効果で『売り』だと言えるだろう」（**図2—8参照**）

7. 為替レート

舞子はテツのディーリング・ボードの前に積み上げられたスクリーンを見ながら尋ねた。

「これは為替レートですよね？」

「ああ、主要通貨の対ドルレートと、それぞれの『クロスレート』が出ている」

「クロスレートって何ですか？」

「通常の為替取引はドルを介在して行われる。今日の円の為替レートを何の断りもなしに言うときは、1ドルは何円に相当するかという、対ドルレートを意味する。オージー（豪ドル）はいくら、タイ・バーツはいくらなどというのも、すべて対ドルなんだ。

クロスレートというのは、ドルを介在しないレート、つまりオージー円や、オージー・バーツなどといったレートだ。このような対オージーのレートを『オージー・

【クロスレート＝Cross Rate】 対ドル以外の通貨取引レート。ポンド円レート、オージー（豪ドル）円レート、シン（シンガポールドル）、マレー（マレーシアリンギッド）レートなど。

クロス』、対円のレートを『円クロス』、同じように対ドルレートを『ドル・クロス』と呼ぶこともある。

ここにあるのが円の対ドルレートで、これがポンド円のクロスレートだ」

テツはスクリーン上にカーソルを動かして答えた。キーボードでスクリーンを選んで、接続ボタンを押すと、そのスクリーン上でマウスが使えるようになる。

「為替は株価にどう影響するのですか？」

テツは裏が白い紙がないかと、辺りを見回しながら答えた。

「株式市場の為替レートへの反応の仕方は複雑なんだ。結論から述べるなら、投機勘定では『そのときどきに言われているシナリオに従え』ということだね。投機でのキーワードは『旬』と『変化』だ。数ある材料のなかで、今どの材料が皆に注目されている『旬』なのか、その材料がどう『変化』するのかだけを見ていればよい。

投資勘定ならば、為替レートの細かな動きによって資産配分の比率を変える必要などないと言える。まずは思いつくままに、円高が進むとどうなるのかを考えてみようか」

テツは見つけた紙の裏にまとめながら言った。

【外国為替市場】 外国為替取引を行う場。外貨を交換する中央市場。為替市場。

●円建て資産の増加。外貨建て資産の減少。

「円高になると、企業、個人を問わず、国内の保有資産の価値が国際比較で増加する。また、国際比較での日本株の価値も増加するんだ。このことは海外のファンドでドル建てやポンド建てなどで持っているポートフォリオで日本株の比率が上がることを意味している。比率を一定に保とうとするところは、日本株を売ることになるんだ」

●円建て給与の増加。外貨建て給与の減少。

「円高によって、国際的に見た個人の収入は増える。だけど、企業にとっては内地での生産コストの上昇と、海外現地生産での生産コストの減少を意味する。

連結決算で海外比率の高いところ、すなわち海外現地生産の比率が高いところは円高でのコスト増を海外でのコスト安で、ある程度相殺できると言える。それに対し、内地だけで生産し、輸出に頼りきりのところは、大きな痛手を被ることになる。

先ごろ、どこかの調査によると、ひとつのビッグマックを買うために要する労働時間は、世界平均が35分のところ、日本では10分間で世界一短いらしい。あるテレビ局は、そのことで日本が世界一豊かだと言っていたけど、正確じゃない。このこ

【外貨準備高＝Foreign Exchange Reserve】国が保有する対外支払準備資産額。外貨売り市場介入の原資ともなる。

とが意味するのは、日本では世界一ビッグマックが安い、あるいは世界一労働コストが高い、ということだ。つまり、円が高いということだね」

●海外での輸出品の値上がり、国内での輸入品の値下がり。

「円高によって海外で日本からの輸出品が値上がりすると、輸出企業の価格競争力が低下することになる。ところが企業努力で安売りを続けるとダンピングの疑いをかけられる恐れが出てくる。結局、値上げせざるを得ないから、輸出比率の高いところは苦しくなってくるね。

一方、外国からの輸入品が安くなると、内需関連国内メーカーの価格競争力がなくなってしまう。上のコスト高と相まって、日本企業の競争力は低下することになるんだ」

ここでテツはボールペンを置いて続けた。

「輸入品の値下がりは燃料コストが下がることでもあるし、原材料を輸入している企業にとっては原材料費のコスト安につながる。このとき製品価格に変化がなければ利益のマージンは増加するよね。

でも、輸入完成品も安くなるので、規制などで国内産業が守られていない業種

【外国通貨建て＝Foreign Currenvy-Denomitated】 外貨で決済が行われるという意味。価値が外貨で表示されること。

図2-9　円高のもたらすもの

円高は・・・

→円建て資産の増加、外貨建て資産の減少
→円建て給与の増加、外貨建て給与の減少
→海外での輸出品の値上がり
国内での輸入品の値下がり

・・・日本を割高にする
＝国際競争力の低下

は苦しくなると言える。また、輸出企業を顧客に持つところも需要減の影響を受けるだろね」

テツはメモを舞子に渡した（**図2―9**）。

「円高になると日本全体が割高となるんだ。金持ちになるとも言えるけどね。いずれにせよ企業の国際競争力を減少させることになるから、景気の悪化要因だと言える。

通貨高、景気後退、輸入物価の下落は、どちらも金利の低下余地をつくると言えるよね。したがって、あえて理屈だけを述べるなら、円高進行中は資金が債券にシフトし、金利が低下し、円安、景気回復が見えるようになってから株式投資にシフトすると言えるだろうね。でも、あんまり関係ないと思うよ」

【変動相場制＝Floating Exchange Rate System】 通貨交換レートの決定を市場取引に任す制度。

8. 原油価格

テツはスクリーンの画面を変えて言った。

「舞子さん。このスクリーンは何のレートだと思う?」

スクリーンには何かの数字がずらっと並んでいた。

「分かりません。『WTI』って何ですか?」

舞子は正直に答えた。

「WTIとは『West Texas Intermediate』という、アメリカの先物市場に上場されているテキサス産の原油のことだ。産油量が少ないので、WTIそのものが原油の需給に影響を与えるわけではないけれど、象徴的に原油先物の指標としてつかわれている。でも、ブレントやドバイなども、これに連動して動くので、影響力は大きいんだ。

石油は最も安価で効率的な燃料だったから、製造業のコストに大きく関わってき

【ヘッジマーケット】先物市場。

た。もちろん火力発電を通じて電気代にも反映される。それだけではなくて、石油そのものも多くの化学製品の原材料となっているんだ。半導体は『産業のコメ』と言われたことがあったと思うけど、エネルギー源として燃やされることを考えれば、産業のコメはむしろ原油だろうね。だから、原油価格の上下は金融市場にもさまざまな影響を与えるんだ」

そういうとテツは例によってメモをする紙を探し始めた。舞子は手元にあった紙を差し出した。

「原油価格も、為替や金利などと同じで、一方向へ進めば進むほど対応策が練られ、反対方向に進むエネルギーを蓄えると言える。原油価格が下がれば、何と言っても石油に勝るエネルギー源はないので、どうしても石油に頼るようになる。一方、原油価格が上がると石油に依存している体質に反省が起こり、代替物質の開発が盛んになる。

そのように石油価格が上下を繰り返しているうちに、少なくとも先進工業国では石油依存度が下がってきた。環境汚染への対策費用もバカにならなくなってきたしね。

今は中国などの新興国の需要が加わったので、原油価格は高騰している。だけど、産油諸国にとっては一種の時限爆弾を抱え込んだようなものだ。原油価格があまり高くなりすぎて、抜け駆け増産で余剰になったり、代替エネルギーに取って変わられたりすると、将来の収入減につながってしまうからだ。

もっとも、アメリカやイギリスは石油メジャーを握っているし、アメリカはロシアやサウジアラビアと並ぶ大産油国だから、OPEC（石油輸出国機構）と利害をともにするところもあるんだ。原油は大国の意向が反映されやすい商品だと言えるかもしれない」

そう言うとテツはカーソルをスクリーンの数字の上に置いた。数字は77・25となっている。

「それでその辺りの価格なのですか？」

舞子は少し不思議な気がして聞いた。

「どうだろう。1985～6年ころに原油のコストがいったいどこにあるのかを探りに、投機筋が原油先物を売り込んだことがある。一時、WTIは10ドル割れまで売られたんだけど、その時に判明したのは、最もコストの安いサウジの産油コストは1～2ドルだったってことだ。

とはいっても、アメリカなどにあるストリッパー井と呼ばれた小油田のコストは

【石油メジャー＝Oil major】 国際大手石油資本。英国石油（BP）、ロイヤル・ダッチ・シェル、トータル、エクソン・モービルの4社。

高く、平均すると10ドル台の後半だった。原油価格が10ドル台前半でしばらく留まっていた間に、そういったコスト高の小油田のほとんどは閉じられた。今はアメリカの原油天然備蓄となっている。つまり、20年ほど前の時点では、産油コストは高くても10ドル前後止まりになっていた。その後、十数年の間は20ドル代前半で推移していたから、産油国や石油メジャーは十分な利益が確保されてきたはずだ。

そのころずっと言われてきたことがある。ほとんどの代替エネルギーのコストが30ドルを超えているので、石油が安住している『最も安価で効率的なエネルギー源』という地位は脅かされることがないというものだ。

とはいえ、石油とほとんどコストが変わらないエネルギー源もある。例えば、2003年末の時点でバイオエタノールの価格は、最も普及しているブラジルでE100（エタノール100％）がガソリンよりもわずかに割安だった。ガソリンが安いアメリカでもE85（エタノール85％、ガソリン15％混合）の値段はガソリンの1割増しだった。

当時の石油価格は20ドル台の後半なので、バイオエタノールのコストは、けっして高いわけではない。また同じころ日本のペットボトルの生産者が『リサイクルコストが30ドル台の前半なので、環境面を考慮しつつも原油の使用を止められない』

【バイオエタノール＝Ethanol, Biofuel, Bioenergy】 エチル・アルコール（CH3CH2OH）のこと。環境にやさしい自動車用燃料（ガソリンの代替）としてブラジルなどで普及。原料はトウモロコシなど。

と言っていたけど、その後そのコストも上がったとしても、今の原油価格では代替エネルギー開発や石化製品のリサイクルは進むだろうね。なにしろ中国がエタノールの輸出国になっているんだから。

例えば、原油価格70ドル台のときに生産コスト40ドル台の代替エネルギーの設備投資を考えたとする。しかし、完成時に原油が40ドル以下になっているのは怖い。そんなときは今の70ドル台で原油先物を売っておくんだ。そうすれば約30ドルの利益を確保できる。

いずれ原油価格は暴落すると思うよ。とにかく原油に限らず、今の価格が高いか安いかと考えることが相場観なんだ。

でも、今はもっと相場の本質的なところを分かってもらおうとしている」

原油高の影響

テツは続けた。

「原油価格の上昇と聞いて、まず頭に浮かぶのがインフレ懸念だろう。産業界の燃料コスト、石化製品の原料コストを押し上げるだけでなく、ガソリン、灯油価格の

【スタグフレーション＝Stagflation】不況（Stagnation）とインフレーション（Inflation）の合成語。不況とインフレの同時進行。

上昇として、一般家庭にも直接の影響を及ぼすからね。このことが金融市場に与えるインパクト、個別銘柄に与え得る影響を整理してみようか」

テツはメモに整理して書き始めた。

●インフレ懸念は金利の上昇を生むので、債券には売り圧力がかかる。
●原油1バレル当たりのドル単価が上昇するわけだから、ドルの実需増となり、円安方向に圧力がかかる。
●一般にコスト高は営業収益を圧迫するので、株式市場にはマイナスに働く。
●例外的に、恩恵を受ける企業群も存在する。
①川上（かわかみ）と呼ばれる、石油の元売会社。
②原油増産の動きが高まると、シームレスパイプの需要が高まるなど、油井開発関連にはプラス。
③原油を確保するために、荷動きの増加や洋上備蓄などの動きが出ると、造船業や海運業にもプラス。
④省エネの動きが、例えば自動車の軽量化につながると、薄板鋼板などの需

要が高まる。

⑤代替エネルギーである天然ガス、風力、太陽熱、石炭、燃料電池などの需要が高まる。

●消費者への価格転嫁がうまくいかなければ、金利高、原料高の影響をもろに受ける、電力会社の収益を圧迫する。

●消費者への価格転嫁がうまくいかなければ、仕入れ値が上昇するガソリン販売会社などの収益を圧迫する。

テツはメモを舞子に渡しながら言った。

「原油高はその程度にもよるけど、インフレ懸念、金利高懸念と企業コストの押し上げ要因となるんだ。株式市場にとっては、当初こそ債券市場からの資金流入で買われるとも言えるけど、長引くようだと要注意だね。

もちろん、これは投資勘定についてのことだ。投機勘定ではその時の動きにつくしかないだろうね」

9. 国際情勢

「ニュースの扱い、例えば国際情勢などの扱いはどうすればよいのですか？　投機的にその場の動きにつけばよいのでしょうか？」

テツは舞子の方に振り返って答えた。

「一般的に国際情勢の扱い方は、それが原油価格などに影響しないかぎり、個々の企業によってまちまちだと言える。

戦争や革命などで国交断絶ともなると、当該国に進出している企業に痛手となるのは明らかだろう。事実、日本の商社などはイラン革命のときの長期プロジェクトなどでも大きな損害を被ったんだ。中南米、ロシア、アジアといったところの経済危機、通貨危機といったものも、そういったところにエクスポージャーの大きなところは要注意だと言える。今後も世界中に影響を与えるようなことも起こり得るね。

一方で、いわゆる戦争特需とやらの物資補給で、一財産を築く周辺国や企業群がいるのも事実なんだ。第一次大戦時には欧州への物資補給でアメリカが台頭した。また第二次大戦からの日本の復興は、朝鮮戦争がなければもっと遅れていただろうと言われている。

現在も世界の各地で戦争や紛争が絶えない。けれど、軍備の増強や、実際の戦争、紛争は一種の公共投資だという見方もある。いくつかの当事国で、財政が悪化する一方で、景気が回復し、株価が上昇する傾向もあるからね。

また、それらの国に武器弾薬を供給している国にとっては、紛争の拡大はプラスになり得る。アメリカ、イギリス、フランス、ロシア、中国、北朝鮮などは、外貨収入の多くをそれらの輸出で得ているんだ。そういった国々は、平穏な国際情勢を一応前提とした経済活動を営みながらも、不安定な状態にも、それなりのヘッジがかけられているという見方もできるね。

それに比べて日本の経済活動の場合は、平穏な国際情勢が大前提となっており、それが崩れる場合のヘッジはほとんどないと言える。貿易黒字を見ても、対外資産を見ても、国際化の進展、自由貿易のもとで日本が最も大きな恩恵を得てきたと言えるんじゃないかな。だから『有事の際の円売り』というのは一般論として筋が通っていると思うよ」

10. 国内政局

テツは続けた。

「さっき財政、金融政策の項でも説明したように、景気の舵取りを行っているのは政府だ。だから、国内政局も株式市場に大きな影響を与える。また政治の安定、一貫性は平穏なビジネス環境には欠かせないだろう。

ここでも投資勘定は税制の変更、公共投資などの景気刺激策、日銀の金融政策に与える影響などでの政府の姿勢や反対勢力に注目する必要がある。いずれも中期から長期にわたって株式市場に影響を与える事柄だ。

一方、投機勘定では、たとえ買い材料でも市場が織り込み済みなら売るしかないようなことが起きる。買い材料なのだから売られた押し目を買うというのは投資で、投機では買い材料でも株価が上がらなかったなら売ったほうが安全なんだ。

市場で起きていることが見えている、材料は理解できているというアプローチが投資で、水面下で何が起きているか分からないから、目に見えた価格の動きだけを信じるというのが投機では大切だとも言える」

テツは舞子の顔に疲労の色が濃いのを見て言った。

「今日はここまで。注目すべき材料は他にもあるけど、これくらい知っていれば十分だろう。疲れた？」

舞子は「ここまで」という言葉に、にわかに元気を取り戻した。

「いえ、少しだけ。今日も本当にありがとうございました」

テツはスクリーンを閉じながら、照れたように言った。

「これも仕事のうちだから……。ところで舞子さん。今日、晩飯の予定は入っている？」

第3章

株式入門者の素朴な疑問

テツが舞子を夕食に招待した店は、六本木の裏通り、薄暗い小さな公園脇にある「豚しゃぶ」屋であった。テツは舞子と同期入社のユキにも声をかけた。テツと二人だけの食事かと緊張気味であった舞子は、少し安心したような、拍子抜けしたような心持ちだった。

「ユキさん、どう、少しは慣れてきた？」

同い年とはいえ、舞子よりずっと大人びたユキは、意識的か無意識にか、長く柔らかな髪を耳の後ろにかきあげながら答えた。

「ええ、毎日、宝田さんにしごかれています」

同性の舞子からみても色っぽい。

「ユキさんのインストラクターは宝田か……彼も誘えばよかったかな？」

「いいえ、毎日顔をつき合わせていますので……時には……」

「そうか……じゃあ、舞子さんは仕事の延長で疲れる？」

舞子はオフィスの時のままの緊張で答えた。

「いいえ、もっとお聞きしたいことがありますので」

ユキも舞子に同調して答えた。

「私も宝田さんから、テツさんにいろいろ教えてもらってこいと、宿題を与えられ

【指定替え】 所属する市場が入れ替わること。例えば、東証１部から東証２部もしくは東証２部から東証１部になること。

ています」

　というわけで、テツの女性２人とのせっかくの夕食も、職場の延長のようになってしまった。

株式市場の存在意義

　ユキが尋ねた。

「変なこと聞いていいですか？」

「変なことって？　個人的なこと？」

「いえ、株式投資にはリスクがありますよね。なのに、どうしてテレビや新聞で毎日取り上げて、煽るようなことをするんですか？」

　テツは笑って答えた。

「そうか。確かに、もし株式市場がパチンコや競馬のようなものだとしたら、政府や役所のえらいさん方が、テレビで一喜一憂するのはおかしいよね。そうか、気付かなかったな」

　ユキは気が利いた質問ができたようで、内心得意な心持ちがした。

【私募＝Private Placement】 特定少数の投資家（50人未満）を対象に有価証券を発行すること。50人以上を上回ることになっても的格機関投資家向けに発行され、転売を通じて適格機関投資家以外の一般投資家に譲渡されるおそれが少ない場合もいう。

テツは舞子に向かって尋ねた。

「舞子さん。株ってなんだったたっけ？」

「発行企業にとっては資金調達の手段、投資家にとっては資金運用の手段です」

「そのとおり。では、企業にとって他の資金調達の手段はなに？」

「銀行からの借入や、社債の発行があります」

ユキは驚いて舞子を見た。

「すごい、舞子ちゃん。もう何でも知っているのね」

テツはユキに向かって言った。

「株式や債券での資金調達を直接金融という。銀行からの借入は間接金融だ。では、ユキさん、銀行が企業に貸出す資金の原資はなに？　つまり、もともと銀行はどこから資金を得ているの？」

「私たちの預貯金ですか？」

「そのとおり。ぼくたちが銀行に預けるのは預金で、郵便局に預けるのは貯金だ。両方合わせて預貯金という。銀行などの金融機関は、ぼくたちが預けた資金を企業に貸付けて運用している。つまり、企業は『間接的に』ぼくたちの資金を使っているわけだ。だから間接金融と言う。

【有償融資＝ Paid-in Capital Increase】 企業が資金調達をするために投資家より払い込みを受けて新株を発行すること。

一方、株式や債券では、ぼくたちと企業とは直接に結びついている。こちらはぼくたち自身が、企業がやっていることを直接判断して、資金を提供すべきかどうかを決めることができる。だから、こちらを直接金融と言う。

どちらにも一長一短はあるけど、企業にとっては資金調達の手段が、ぼくたちにとっては資金運用の手段がいくつかあるのは良いことなんだ。つまり、どちらかが消極的でも、多様な価値観があれば行き詰まることはないからね」

分散投資の極意

ユキはテツの答えに満足しないで尋ねた。

「でも、株式投資にはリスクがありますよね」

「うん。株式投資にも預貯金にもリスクがある。ぼくたちが資金を提供した企業や銀行が潰れてしまうリスクだ。預貯金は１０００万円まで補填されるけど、それを超えた部分についてはリスクを分散しておくしかない。株式投資でも、もしユキさんがあるひとつの銘柄に全財産を投資していたなら、ユキさんはその会社と運命共同体的にリスクを共有することになる。それを避けるためには、分散投資を行えばいいんだ。

分散投資の極意は、反対に動きそうなものを同時に持つこと。分散投資をすると投資効率は落ちるけど、ひとつの投資物件と一蓮托生に陥るリスクは軽減される。ここまでは分かるよね？」

「ええ、でも最初から株式投資など始めなければ、分散投資の必要もないわけでしょ？」

「ところが、株式投資をしなくてもリスクはあるんだ」

ユキと舞子は驚いてお互いの顔を見合わせた。

「舞子さん、どうしてうちの会社を選んだ？」

「えーと、それは、なんとなくです」

「ユキさんは？」

「給与が高くて、成長性もあると思ったからです」

「舞子さんも、ユキさんも、うちの会社に投資しているんだ。時間と労働とを投資して、配当ともいえる給与を得ている。企業が行っている事業に魅力を感じ、その成長性に賭けるのは、就職も株式投資も本質的には同じだ。そしてリスクも似たようなものなんだ」

　ユキと舞子は驚いて、もう一度、お互いの顔を見合わせた。

「会社が潰れたらどうする？　朝から晩まで働いて、持ち株会で自社株を買い、社内預金をする。これは株式投資でなら、１銘柄に全財産を賭けることと同じだ。つまり、会社と一蓮托生のリスクを負っている。ユキさんのように、とにかく良い会社だろうと選んだ人も、舞子さんのようになんとなく選んだ人も、同じように運命共同体的にリスクを共有している。

　舞子さん、ひとつの銘柄と一蓮托生に至るリスクを軽減するには、どうすればよかった？」

「分散投資ですか？」

「そのとおり。では、ユキさん、会社勤めをしている人が、自分の会社と一蓮托生に至るリスクを軽減するには、どうしたらいいと思う？」

「他社の株を買うことですか？」

「そうは思わない？」

　納得のいかない顔をしているユキを尻目に、テツは続けた。

「会社勤めよりも、むしろ株式投資のほうが、リスクが少ないかもしれない。仮に危ない会社に勤めていても、簡単に辞めて、転職とはいかないかもしれないけれど、株式なら売ればいいんだ。これを『流動性リスク』という。舞子さん、流動性リスクってなんだった？」

舞子は暗唱するように、宙をみつめて答えた。

「ええーと、売りたいときに自由に売れる、買いたいときに自由に買えることでしたっけ。株式市場にはディーラーや他の投機筋がいるので、市場に流動性を提供しているんですよね。そして、実需の偏りの緩衝材となっている……ですね？」

「すごいじゃないか。では、労働市場の流動性を高めるにはどうすればよい？」

「金融市場での流動性を参考にすると……企業の雇用ニーズ、個人の就職ニーズの情報をつかんで就職の斡旋をする、職業斡旋所や人材派遣業者の充実ですか？」

「そうだね、いわゆる就職ブローカーの充実だね。金融市場にもブローカーはいるけど、ブローカーだけでは流動性は高まらない。

雇用市場にも金融市場のようなディーラーが一時的にポジションを抱えないと流動性は高まらないよね。人材派遣業者自身が一時的に求職者を雇用して給与を支払うようなことができればよいんだけど、あまり現実味はないから、雇用市場の流動性リスクはなくならないと……。つまり会社勤めには大きなリスクがあるんだ」

【ブローカー＝ Broker】 取引の仲介をする会社。あるいはその会社の従業員。

動かないことにもリスクがある

テツがユキを見ると、ぽかんとした顔をしている。

「詭弁のように聞こえるかもしれないね。でも実際に破綻した企業に勤めていた人は実感していると思う。自分の会社を信じ、破綻した会社と本当に運命を共にしてしまった人はいくらでもいるんだ。このとき、なんでもよい、株式でも不動産でも、つまり自分の会社以外のものに投資していれば、会社が潰れても自分は潰れなかっただろう……。本当のことなんだよ。

株式投資のリスクばかり強調する人は、自分が勤めている所が株式会社だということを忘れているんじゃないかな。お役所はともかく、民間企業に破綻リスクがあるのは当然だ。だからこそ政府や役所のえらいさん方も株式市場を注視して、景気の動向などを気にしているんだ。

一蓮托生のリスクを回避するのに役立つのは、外貨を保有することにも言える。ドル円の上値には輸出企業などのドル売りがいつも並んでいるように、ドルの上値を押さえ、長期的な円高を演出してきたのは、日本の経常黒字なんだ。

【カバー取引＝Cover】 ディーラーが自分の持ち高を清算する方向で商品や通貨の売買を行うこと。顧客や同業者にレートを提示し、買わされたポジションを売り抜けること。ロングやショートのポジションをスクエア（ゼロ）にする行為。

でも、国際通貨基金などは、少子高齢化の進展によって、2020年くらいには日本も経常赤字に転落すると予測している。

スーパーパワーのアメリカでさえ、財政と経常の双子の赤字でドル安になるんだから、日本が財政赤字に加えて経常収支も赤字になったなら、強烈な円安は避けられないという見方もできる。今とは逆に、輸入企業などのドル円の買いが、輸出企業などのドル円の売りを上回る状況だ。

日本人のほとんどは資産も収入も円建てだ。その円が減価してしまったなら、生活レベルを落とすしかない。しかも、そのときに経常赤字ならば、日本は今よりも、もっと輸入品に依存していることになる。

ここで役に立つのがドルなどの外貨保有なんだ。どんなに円が安くなっても、そのことは外貨高を意味するんだから、購買力が減ることはない。しかも、ドルは通貨だから、逆に円高になっても円に交換することなく使える。

どこでも使えるという意味の通貨としての利便性はドルのほうが円よりも上だ。海外旅行をすれば分かるよね。円安になればもちろんのこと、どんなに円高になろうと、つまりどちらにころんでも、ドルの購買力そのものはドルの実質金利がマイナスにでもならないかぎり減ることはない。外貨への投資もぼくたちのリスクを軽

【スクエア＝Square】 売りと買いの持ち高がイーブン、つまりゼロの状態。

減すると言える。

　なんか不思議でしょう？　でもぼくが言っていることを不思議に感じるのは、動くことのリスクばかりが強調されてきて、動かないことにもリスクがあるということを忘れてしまっているからだと思う。案外、動かないことのリスクのほうが大きいかもしれない。

　歩いているときに猪に襲われたら、逃げられるかもしれない。だけど、野原に座っているときや、寝ころんでいるときに襲われたらお手上げだろうね。猪に襲われるたとえは、もっと不思議かな」

損は誰にでも出る

　ユキはそれでも引き下がらなかった。

「よく株で損をした話を聞きますけど、テツさんの言うようにリスクが少ないのなら、どうして多くの人が損をするのですか？　株で破産する人だっていますよね？」

「そうだね。なんでも程度の問題なんだ。昔、風邪薬で殺人を企てた人がいたよね」

　ユキと舞子は黙って顔を見合わせた。知らないらしい。

「そうか、世代が違うんだ……。風邪薬が風邪を治すための薬だということは誰でも知っている。ところが、その人のためになるはずの薬を大量に酒に混ぜて飲ませた殺人事件があったんだ。まさしく毒にも薬にもなるということで、悪いのは薬をつくった会社でも、薬を売った薬局でもない。

なにごとにも適量というものがあるってことだ。株式投資や外貨投資も、リスクを軽減させることもできれば、人を破滅させることもできる。そこで大事なのはリスク管理なんだ」

舞子が尋ねた。

「損を出したり、破滅をしたりする人のパターンってありますか？」

「損は誰でも出すよ」

「テツさんでも？」

「毎日、儲けたり、損をしたりしている」

「ええっ、そんなもんなんですか？」

「そんなもんなんだ。よく勝率を誇る人がいるけど、ぼくは信じていない。いや、ぼくでも勝率を高めるやり方は知っているけど、それが安定的に儲けられるやり方だとは思えない」

高勝率は破滅パターンのひとつ？

「相場は上がったり下がったりするものなんだ。正確には、絶えず上値を試し、下値を試し、どちらに抜けるかを探っている。そこで勝率を高めるには、すばやく利食うしかない。利食い千人力だとか、頭と尻尾はくれてやれとか言ってね。あるいは、評価損は損とみなさないで、ナンピンをしたり、我慢をしたりして、実現した利益だけを勝利に数えるわけだ。

でも、そんなことをしていると、いつかやられる。破滅する人のパターンのひとつに勝率の高い人がいるんだ」

「ええっ、そうなんだ」

「ぼくの知るかぎりでは、そうだね」

ユキが尋ねた。

「絶えず上値を試し、下値を試すってどういうことですか？」

「良い質問だ。ユキさん、サッカーの試合なんか見る？」

「ええ、テレビでなら」

「サッカーに限らないけど、ある程度時間のかかるスポーツでは、一方が他方を攻めている時間帯っていうのがある。自分が攻めている時間帯に相手を押し切って点を入れておかないと、今度は相手が攻める時間帯に入ってしまう。そこを守りとおすとまた自分が攻める時間に入ることができる。今はFC東京が攻めている時間帯ですね、なんてテレビの解説者が言っているのを聞いたことがない?」

「ある、ある」

「相場も同じなんだ。上値を試して、上に抜けないと、今度は下値を試す。下値を十分に試さないままになんとなく上がってしまうと、必ずと言ってよいほど、どこかで下値を試しに帰ってくる。そして、下値を試しつくして、下値を固めてしまうと、今度こそと上値を抜くパワーを得ることができる。相場のこのあたりのところは、経済や企業のファンダメンタルズなどまったく関係のない、勝負にかかわるところだ。

勝率が高いというのは、単に攻めている時間が長いということだけで、なんら決定的なものとはならない。つまらない利食いは、相手にボールを取られるのが怖いので、シュートチャンスでもないのに、とりあえずゴールに向かって蹴っているだけって感じがする。もっとも、ぼくなんかはボールを持ちすぎてしまって、相手に取られることも多いから、大きなことは言えないけど。とにかく損は出る。問題は損が出ても破滅しない。つねに反撃できる体力を残しておくってことなんだ。

守りの時間帯は守りに徹して、とにかく守り抜くことに重点を置く。そうしておけば相手は必ず攻め疲れて、今度はこちらにチャンスが巡ってくるものだ。ところで、舞子さんの質問はなんだったっけ」

「損を出したり、破滅をしたりする人のパターンってありますか？」

「そうだったね。いま言ったように、損を出すのを防ぐことはできない。むしろ、損は出るものだ、利益を生むためのコストなんだと考えるほうがよい。

破滅する人は、自分が管理できない以上のリスクを取りたがる人だね。負けると熱くなる人も危険だ。必ず負けるんだから。勝ったり負けたりの繰り返しのなかで、どれだけ残せるかを考えたほうがよい」

「はい、分かりました」

ユキが尋ねた。

「では、株で大儲けする人がいるのはどうしてなんですか？」

「良い質問だね。相場で大損しない、生き残ることを一番先に考えると、どうしても勝ったり負けたりの繰り返しになる。その勝ちの総額も、負けの総額で差し引いたなら、それなりになってしまう。もっとも、どれだけ期待しているかだけど……」

舞子が言った。

「テツさんは稼ぎ頭なんですよね？」

「それなりだよね。ぼくたちは扱う金額が大きいから、その分、利益も大きい。また、証券会社はシステム的にも儲けることができる。そういった通常の利益を超えて、自分が大儲けをしたときのことを後でふり返ると、ついていた、つまり運がよかったと思えることのほうが多いね」

「運ですか？」

「例えば、じゃんけんなどでの勝ち負けを取ると、２人に１人は勝つよね。４人に１人は２連勝する。16人に１人は３連勝する……と数えていくと、株式投資には何百万という人が参加しているんだから、運だけで連勝して億万長者になる人が何人も出てくるんだ。

そういった確率的なことはともかく、運が悪くても損を膨らませないようにリスク管理をしていると、運が良いときには大儲けもできる。そんなものじゃないかな。

宝くじに当たる秘訣は買い続けることだと言う人がいるよね。運がよくても、何もしていなければ、宝の持ち腐れだ。常に何らかのポジションを抱えながら、自分に風が吹いてくるのを待っている。そんな感じかな。

でも、とにかく大事なのはリスク管理だと思うよ。途中で死んでしまったらそれで終わりだから」

「うん、なんか分かった気がします」

バリュー株とグロース株の違い

ユキが尋ねた。

「またまた、基本的なことを聞いていいですか?」

「なんでもいいよ。ぼくが知っていることなら」

「バリュー株投資とグロース株投資はどう違うのですか?」

「バリューって、日本語でいうと何?」

「価値です」

「じゃあ、グロースは?　愚弄すじゃないよね」

おやじギャグは無視された……。

「成長ですね」

「では、バリュー株投資とグロース株投資は何になると思う？」

「価値のある株式投資と、成長株投資ですか？」

「アメリカにバリュー・アメリカというオンライン・ディスカウント・ショップがあったんだ。破綻しちゃったけど」

「ディスカウント？　あ、割安株投資だ」

「あたり。バリュー株投資とは、ＰＥＲやＰＢＲ、あるいは配当の利回りなどをみて、割安なものに投資することなんだ。一方のグロース株投資とは、成長が見込まれる会社に投資する。役に立つ指標はＲＯＥかな。

　どちらかというと、バリュー株投資は今見えている価値に、グロース株投資は将来の夢に投資するものと言えるね」

「どちらが良いのですか？」

「相場つきによって違う。将来の見通しが暗くて、市場全体が売られているときに、価値が高まっている割安株を買うことは理屈にあっているよね。一方、明るい未来に向かって成長株が買われているときに取り残されている割安株は、いつまでも取

【PBR = Price Book-value Ratio】株価純資産倍率。株価を１株当たり純資産（株主資本）で割ったもの。株価が１株当たり純資産の何倍まで買われているのかを示す。会社の解散価値。PBRが１倍未満ということは、株価が企業の解散価値よりも低いことを意味する。

り残される可能性がある。

それでも、価値があるからと持っていても、状況が変わったり、誰かが嫌気をさして売ってきたりすると、そこからでも下がり続けることがある。そういうときはトレンドに逆らわず、成長株に投資するのがいいんだ。だから、どちらが良いかは一概には言えないな。

ひところ『物言う株主』ってのが話題になったよね。彼らがやっているのは基本的にバリュー株投資だ。割安に放置されている資産や、使われていない現金を有効に利用しろと迫る。あるいは自分たちで買収をした後は、購入企業の資産を切り売りしてしまう。

彼らの言っていることは、ある意味、正論には違いないのだけど、ひとつの価値観に過ぎないことを忘れている。ぼくは資本主義あるいは株式市場のシステムのよいところは、多様性を受け入れ、それを保証することだと思っている。つまり、ひとつの事業を行う、あるいは会社経営を行うのに、理念や方法はひとつではないと思うんだ。効率を追求することだって、ゆとりや幅があっていいと思っている。

ある環境下で最適だと思ったシステムが、次の環境下でも最適であることは、ほとんどない。外部環境が変化しているのに、常に最適な環境を追い求めることは、つまり、いつも後追いをしていることになる。

ぼくは企業経営でも、囲碁などのように、一見無駄にみえる捨て石が、状況の変化で生きてくるものだと思っている。だから、バリュー株投資では、買ってすぐに値上がりしなくても『鳴かぬなら、鳴くまで待とう、ほととぎす』なんだと思う。自分と価値観が違うからといって『殺してしまえ』は問題外だけど『鳴かせてみよう』でも、息が詰まるんじゃないかな？

そういう意味では、バリュー株投資はせっかちな人には向かない。徳川家康がバリュー株に向いているとすれば、豊臣秀吉はグロース株投資、織田信長はずばり投機に向いているのかもしれない。損切りもうまそうだしね」

物言う株主

ユキが尋ねた。

「でも、物言う株主のおかげで日本の会社も良くなったんでしょう？」

「確かに、一昔前の日本の会社の連中は、会社は経営者と従業員のものだと公言している人もいたからなあ。経営者も自己保身に汲々としていたし……。でもどう

【株式の三角持ち合い＝Malti-Crossholding of Stocks】企業グループ内などの多数の会社がそれぞれ株式を持ち合っていること。例えば、グループ内のA銀行がA商社の株式を持ち、A商社がA金属の株式を持ち、A金属がA銀行の株式を持つようなこと。

かな……日本の会社が変わり始めたのは昔のやり方が通用しなくなったためで、一部の物言う株主が提言してくれたからじゃない。むしろ、機関投資家に対する規制などもできてしまった。

例えば、５％超の株式を取得したときの『大量保有報告義務の特例措置』が見直され、かつては３カ月ごと翌月15日までに報告すればよかったものが、２週間ごと５営業日以内に報告しなければならなくなった。これでは、まるでお役所仕事で、事務的な時間とコストの負担を高めるだけだ。

また、日本の企業の閉鎖性の象徴とされ、せっかく解消に向かっていた『株式持合い構造』にも、敵対的買収に対する防衛策として復活する兆しが見える。これは資金を有効利用しないで、経営権を守るためだけに寝かす行為だから、株主に対する裏切り行為だ。株価はつり上げられた状態にはなるけど、ＲＯＥは下がるし、時代に逆行していることは否めない。

防衛のための新株発行なんて問題外だ。収益拡大が見込まれるわけでもないのに株式だけを増やしたら、単なる『希薄化』を生むだけだからね。これでは会社防衛ではなく、株主無視の経営陣防衛だ。

この意味では、物言う株主のおかげで、日本の会社は悪くなっている。彼らが言

【希薄化＝Dilution】 時価発行増資や新株予約権の行使等による新株発行などによって、発行済株式総数が増加し、１株当たり当期純利益等の現象をもたらすこと。

うように『法律にグレーはない、黒でなければ白だ』とばかりに、法律や規制の抜け道ばかりを探していると、どんどん法律や規制は完成されていく。その完成というのは、改良とは限らない。『改悪』の場合も多いんだ。そして、つまるところは日常生活までをもがんじがらめに縛るようになる。

モラルに頼らず法律で縛るのは民度の低下だといえる。民度が下がれば、右であれ左であれ、権力が力を持つようになる。彼ら、物言う株主が多少なりとも国の指導を嫌い、自由な市場を求める人物であったとすれば、その行動はやはり浅薄だったね。彼らは権力に泳がされ、権力強化のために利用されたとも言える。もっとも私財を残したから、出来レースなのかもしれないけど。

優秀であるはずの彼らに何が欠けていたか？　ぼくはモラルだと思うよ」

多様な価値観

「やはり、モラルって必要なのですか？」

「いろいろな考え方があるからね。モラルもある意味ひとつの価値観で、押し付ける気はないけど……。だからこそ、最低限のルールが必要なんだ」

「テッさんは相場が好きなんですね」

「相場って、いつも売りと買いとが向かいあっているよね。つまり、まったく正反対の考えの人と常に向き合っているとも言える。いろんな考え方があることを認め、受け入れるところから始まっているわけだ。

　そこでの勝負は上がるか下がるかだけ。相手が権威であろうが、ノーベル賞学者であろうが、同じ立場で向き合い、自分が正しければ打ち負かすことができる。痛快だと思わない？　舞子さんやユキさんがぼくに勝つことができるんだよ」

　２人が口を揃えて言った。

「そんな、あり得ないですよ」

「相場ってそういうものなんだ。

　また株式市場は多様性を可能にしている。人は富を生産し、それを分配するよね。欧米の人の家にお呼ばれすると、食事のとき、そこのお父さん、家長、あちらではホストと言うんだけど、その人が肉料理をお客さんや家族の皿に取り分けてくれる。日本のお父さんに比べて紳士に思えるけど、実状は違う。これは最大の権力者が食物を分配する権利を持つことの象徴なんだ。

　日本では奥さんが家計の財布を握っていることも多いけれど、あちらではあり得ない。経済力は権力だからね。

ひところ、社会システムの究極の理想形であるかのごとく喧伝された共産主義や、その過渡期のシステムである社会主義では、富の分配を国家が行う。国家というと、なんとなく漠然と自分たちの利益を代表してくれているかのような印象があるけど、実際の運営を行うのは行政府、行政機関だ。つまり、民間の富はいったん国が吸い上げて、その分配は時の権力者と官僚とに委ねられるわけだ。そこでは多様性は大きなリスクとなる。権力者と異なる思想を持ち、違う行動を取ることは、富の分配に預かれないリスクを負うことになるからだ。

その点、株式市場はシステムとして『個』の存在を認め、保護している。株式市場に参入するルールを守っているかぎり、資金の調達も運用も自由だ。

株式市場イズ・フリーダム。そこでは権力者であろうが、社会の末端に近い弱者であろうが、基本的には同じ立場が保証されている。金融政策の担当者が株式投資をするのは、公平、公正の原則に反すると問題視されたけど、こういったことが問題視されること自体が素晴らしいと思わない？　権力者がその権力を行使するのは、強い者が弱い者いじめをするくらいに横行していることだろうに、建前上とはいえ禁止されていて、あからさまにないがしろにすると罰せられるのだから。

また権威者や実力者が、そのまま権威者や実力者でいられないという意味でも、文化の象徴ともいえる学問の世界や、文学、芸術、スポーツといった分野よりも文化的だ。そういった平等感や機会均等は、おそらく株式市場があらゆる分野で一番進んでいると思う。

そして、株式市場では取ったリスクに応じて利益が分配される。判断するのは自分だ。資金調達をする株式会社も、どのような思想や哲学で経営を行おうと、ルールから外れていないかぎり自由なんだ」

舞子がぽつんと言った。

「テツさんは自由人なんだ」

「そうだよ。クローンでさえ、まったく同一の『個』が存在しないように、株式会社もさまざまだ。長期的な視野で力を蓄えていく企業もあれば、目先の利益を追い求める企業もある。人の体型や能力が千差万別のように、収益力の強い会社もあれば、社会的な意義を優先する会社もある。

株式市場ではそれが株価に反映される。企業のどの面に注目しようと、ユキさんや舞子さんがその企業に魅力を感じれば株式を買い、魅力がなくなれば売ればいいんだ。なにも単一の価値観を押し付けて、同じような企業ばかりに仕立てることなどない。企業を私物化する経営者が問題なら、やはり私物化する『物言う株主』も問題だと、ぼくは思う。どんな理由があっても、価値観の押し付けは文化的じゃない。まったく同一の『個』がないように、同一の環境や立場もないんだから。ちょっと酔っ払ってきたかな？　退屈だよね。こんな話」

舞子とユキは同時に言った。

「そんなことないですよ」

「じゃあ、ちょっとだけ調子に乗るよ」

「どうぞ、どうぞ」

相場は小さな判断の連続

「相場というのは小さな判断の連続なんだ。小さなことに、いちいち白黒をつけていく。その小さな白点、黒点が集まって、ちょうど白黒写真のような全体像が出来上がる。

そこに情緒の色付けをすればリアルカラーの映像になる。そのとき判断する材料、機会が多ければ、画素の多い鮮明な画像となる。

判断しない、判断できない、興味がない、受け付けない、そういったものが多く、自分で判断するものが少ないと、画像はぼやけたソフトフォーカスなものにしかならない。市場ばかりでなく、市場の外のことにも興味を示さないと、一部だけは鮮明だが、その周りはぼやけた不完全な映像しか得られないことになる。

運動能力の高い人とは、運動の中枢である脳の指示に、筋肉などの運動の現場が正確に反応する人だ。運動能力を高めるトレーニングとは、筋肉などの現場を鍛えるだけでなく、より正確な判断材料を脳に送ること、また、その材料をもとにした脳からの指示を現場の筋肉に伝えるのに、伝達機関である神経などの中間組織の抵抗をできるだけ小さくすることだと言える。

中間組織の抵抗とは、脳からのスムースな情報伝達の何らかの障害や、副交感神経のように身体が身体を守ろうとする抵抗だ。例えば、ボクサーが試合中に気を散らしたり、あるいは活発に腸に蠕動《ぜんどう》運動をされては動きが鈍るに違いない。また相手のパンチに無意識に目を閉じたり、骨や筋肉、腱をかばって無意識にパンチ力を手加減していたなら、なかなか効率的なファイトなどできるもんじゃない。

軍隊のように強い組織は、運動能力の現場である兵士の判断基準を単純化させている。すなわち『上官の命令は絶対』のように、個々の兵士の判断を否定することで効率的な行動を実現させているんだ。

作戦本部の命令が、中間組織によって歪められたり遅らされたりすることなく、正確に迅速に末端の兵士にまで行きわたる部隊が強い。ここで個々の兵士や中間組織が自らの判断で勝手気ままに動き出したりすると、出し抜いて攻撃を始める者もいれば、ある者は退却し、ある者は戦線離脱するなどして、強い軍隊が保てなくなる。

強い軍隊にする訓練とは、運動選手がその能力を高めるトレーニングに似たようなものであるはずだ。現場の兵士は自ら判断する能力を奪われている。そして、自ら白黒をつける必要がない、あるいはつけても無駄、百害あって一利なしということになると、次第に関心が薄れ、どうでもよいことになっていく。おそらく最強の軍隊の兵士は、局地的なものしか見ず、関心も持たず、命令の遂行に関すること以外は、非常にぼんやりした状態で戦っていると思う。

現に、第二次大戦中の日本兵の体験談を身内の人から聞いたり、書物で読んだりしたけど、彼らの視野は驚くほどに狭い。そして身の回りの細かなことは実によく覚えているんだ。そういったことにしか関心が持てないようにされていたんだと思う。

これは身体の組織や軍隊だけでなく、学校や会社や国家にも当てはまることなんだ。組織が効率的に動くためには現場の能力を高めなければならない。だけど、同時に現場にはどんな理不尽な命令でも従わせ、自ら判断する能力や意欲を奪い取る必要がある。

犬の調教とまったく同じだ。犬の調教では、犬が右に行こうとすれば左に引っ張り、止まろうとすれば進ませ、進もうとすれば止める。つまり、犬が自分の判断で行動しようとすることをことごとく否定するんだ。

強い組織にいたエリートであるはずなのに、組織を離れれば無能になってしまうとすれば、その人は『良き兵士であった』あるいは『でしかなかった』ということだね。

このように考えていくと、個人と組織、あるいは個と全体とは対立する関係だということが分かる。お互いが自分の効率を追及すれば、どこかで衝突してしまうんだ。共存するには、どこかに妥協点を見つける必要がある。

妥協という言葉が嫌いならば、調和と言い直してもいい。個と全体だけでなく、個と個、組織と組織、国と国でも、調和する気持ちがなければ、お互いを滅ぼしあう関係でしかないと言える。自分で判断し、自己責任を徹底した、磨き上げられた個が調和し協力し合う、そんな関係が重要ではないかと思う。

相場は小さな判断の連続なんだ。どんな小さなことにでも、いちいち白黒をつけていく。資金の運用者は1人でいても、組織の中枢と同じ働きを要求されるので、世の中をぼんやりと捉えていることは許されない。どんなことにでも興味を抱き、ささいなことにでも白黒の判断を下す必要があるんだ。

インターネットは組織から個人を解放する道具となったけど、自由となった個人は、より大きな責任を抱え込んだことにもなるよね。いままでは組織が行ってきたことの全部をこれからは個人でやらなければならない……。やっぱり酔いすぎたかな？　どんどん質問してよ。聞きたいことはないの？」

舞子が言った。

「いろいろ勉強になってます」

信用取引ってなぜあるの？

ユキが尋ねた。

「信用取引ってなぜあるのですか？　金利まで払ってどうして信用取引をするので

しょうか？」

「なぜあるんだろう。信用取引に力を入れている証券会社の金利収入は大きいから、業者主導のところもあるとは思うけど、やはり市場の活性化が大義名分だろうね。少額の資金でも相場が張れるのだから。

『相場が張れる』と言うと、ギャンブルみたいで聞こえが悪いけど、事業を行う場合に借金をするのは普通のことだ。株式投資は事業を行っている企業に資金を供給している。つまり、信用取引は自分のリスクで借金をして、間接的に事業を行っていると考えれば、立派に社会の役に立っていることになる。その見返りにキャピタルゲインを望むのは当然だ。勝っても負けても自分のリスクなんだから。

でも、信用取引を行う側にとっては、リスク管理をしっかりしないと、とんでもないことになる。なにしろ、借金をしているのだからね。株価が思惑と違った動きをしたなら、すぐにでも損切ることが大切だ」

元本保証で高利回り

ユキがさらに尋ねた。

「元本保証で高利回り、という金融商品の宣伝がありますよね。そういった商品にリスクはないのですか？」

「リスクがないどころか、そういった商品自体があり得ない」

「えっ、そうなんですか？」

「すべての通貨には『無リスク』とみなされる金利がある。1年以内の短期国債の金利がその代表だ。

10年国債になると、時間のプレミアムとも言える割増し金利がつくことが多い。国債といえど、1年より10年のほうが債務不履行のリスクは高まるし、インフレなどのリスクも高まるからね。それでも、国債などは一応リスクのない資産とみなされているから、10年債の金利を無リスク金利と呼ぶ人もいる。

その国債をベースにした利回りよりも高利に回すには、方法は基本的に二つしかない。『信用リスク』を多く取るか、オプションを売って、そのプレミアムを利回りに上乗せするかだ。どんなに複雑に見える金融商品でも、実はその二つをどのような形で、どう組み合わせるかだけなんだ」

「信用リスクというのは、破綻するリスクですか？」

「破綻とまではいかなくても、金融市場では、すべてのことを計量化してしまうんだ。リスクの大きさは利回りの高さで支払われることになる。つまり、収益力の安定した優良な企業が設備投資などのために借入する金利と、赤字会社が従業員への給与の支払いのために借入する金利とが、同じ利率であることはないわけだ。

だから、高利回りの金融商品は元本割れのリスクがより高まっている。オプションを売っている場合は、必ず日経平均やドル円レートなどが、いくらになったらどうにかなるというような条件がついているはずだ。これもそのレートがつけば元本は割れてしまう」

「では、そういった商品を購入するときや、お金を預けるときには、どのようなリスクを取っているのかを確認すればいいんですね」

「その通り。リターンとリスクとは表裏一体のものだ。だから、コインの裏表と同じでどちらかだけが大きいということはあり得ない。今取るリスクの割に大きなリターンが見えているとすれば、リスクを先送りして将来にリスクを取っているものなんだ。

例えば、信用リスクでは、今すぐに破綻するわけではないが、将来のリスクを抱えている。オプションを売ることも、将来の価格変動のリスクを抱えている。あるいは、前もって多めの金利やキャッシュを受け取っておき、将来は少ない金利にする場合もある。その意味では高利回り商品はすべて『リスク先送り商品』だと言える」

「元本保証で高利回りという金融商品の宣伝は、信用してはいけないんですね」

「あり得ない商品なんだから、限りなく詐欺に近いね」

アノマリーって何？

舞子が尋ねた。

「アノマリーって何ですか？　日本市場や、アメリカ市場、中国市場にもあるものでしょうか？」

「本来の英語での意味は「anomaly＝例外、異常、変則」といったことで、ノーマルではないことを意味する。金融市場では合理的な説明ができないジンクスのようなものだね。

例えば、日本株で1月や4月が高いといったことや、アメリカ株で9月が安く、10月も安値をつけやすいといったようなことだ。中国は知らないけど」

「テツさんは信じますか？」

「決算期の前後だとか、それなりに合理的な説明がつくものはアノマリーと呼べな

【ミューチュアルファンド＝Mutual Fund】米国の投資信託で、複数の投資家が資金を提供し、共同で運用をするオープンエンド型のもの。

いとすると、信じる理由もないよね。でも、ぼくのような投機筋には価格の動きが絶対だ。だから、それが合理的に説明できる動きであろうが、アノマリーであろうが同じことなんだ。

可視光線や可聴音域ではないけど、人間がすべて見えている聞こえていると信じているものでも、実は制限されている。判断材料が限られているんだから、なんでも合理的に理解できると考えるほうが不合理だ。

価格の動きの背景にはきちんとした理由があるんだと思う。だけど、見えているのは価格の動きだけだから、ぼくはそれを信じるね」

株式分割は値上がりの材料？

「よく株を分割すると値上がりするというのですが、どうしてですか？」

ユキが聞いた。

「１株１０００円の株を、２株５００円にしても経済効果は変わらない。でも、少額の資金でも買えるようになるのは事実だ。

また、これまでは株式分割にかかわる基準日から実際の新株券の交付までに50日ほどかかっていたこともある。株主の確定や株券の準備といった実務上の都合でね。この間、株主は新株券を売ることができず、需給の不均衡で値上がりすることも多かったわけだ。

このところ、そういったシステム上の不備や、規制の抜け道を利用する連中が急増していたので、2007年の1月から、株主は株券がなくてもすぐに売れるようになったようだ。当然だよね。権利だけでも売買できる時代なんだから。その意味では、それまでのような不自然な値上がりは期待できなくなる」

外国人の持ち株比率は意味があるの？

ユキがさらに尋ねた。

「外国人の持ち株比率が高いのは何を意味しているのですか？」

「外国人の内容によるよね。一般的な理解では、海外投資家に認知されている世界に通用する企業だということになる。ことに、海外の年金基金やミューチュアルファンドなど保守的な運用を専らとするところの持ち株比率が高いのは、簡単には売らないだろうということだけでも好材料だ。

　でも『黒い目の外人』と呼ばれる、もともと日本の資金が海外の運用会社を経由して買っている場合は、仕手筋が買っているのとあまり変わらない」

「仕手筋ってなんですか?」

「もともとは能や狂言の主役のことらしいけど、相場では大量の資金を武器に、相場操縦まがいのことをする人たちだ。大物投機筋だね」

「相場操縦?」

「資金力にまかせて、相場を思いどおりに動かそうとすることで、これは法律で禁じられている。だから、あえて相場操縦『まがい』と言ったんだけど、まがいに至っては、ほとんど日常的に行われているんじゃないかな」

「テツさんもやります?」

「我が社のポジションもでかいからね。意図せずに『まがい気味る』ことはあるよ」

「まがい気味る?」

「グレーっぽいって感じ?」

「微妙!」

「もともと、白でなければ黒だなんてものがあるはずがない。みんな微妙なものなんだ」

どうして夜間取引ができるの？

舞子が聞いた。

「夜間取引ってありますよね？」

「できたね」

「取引所が開いていないのに夜間取引はどうしてできるのですか？」

「では、こちらから質問、為替の取引所はどこですか？」

「東京外国為替市場ですか？」

「それはどこにある？」

「えっ？　どこだろう？　ときどきテレビに映っていますけど……」

「為替の東京市場があんなに小さなものだと思う？　あれは外為ブローカーのうちのひとつなんだ。舞子さん、ブローカーってなんだった？」

「自分でポジションを取らずに、売り手と買い手のニーズをつなげる人たちです」

「そうだね。自分でポジションを取れば、ディーラーと呼ばれる。テレビに映っている人たちは外為ブローカーで、電話で話している相手が銀行の外為ディーラーな

【インターバンク市場】為替の銀行間取引が行われる場。対顧客市場に対する語で、外国為替相場の卸売市場に相当する。中央銀行、市中銀行、為替ブローカーによって構成される。

んだ。

ディーラーは自分でポジションを持ちながら、つまり自動車会社や石油会社、商社、保険会社などの売買相手を務めながら、収益を上げようとしている。同時に彼らは同業の外為ディーラーと直接取引をしたり、ブローカー経由で取引をしたりする。一般に東京外国為替市場と呼ばれているのは、そういったテレフォン市場、オンライン市場の総称だ。実在の取引所などはない。

株式でも実は銘柄によっては、市場外取引と言って、証券取引所を経由しない取引のほうが、取引所取引よりも売買金額は大きいんだ。大手の機関投資家や証券会社が売買するときは『ブロック取引』という巨額の取引を相対で行う。相対というのは2者間の直接取引だね。

彼らの取引金額は大き過ぎて、通常の市場取引では市場を歪めてしまう。相場操縦まがい、あるいはまがい気味になってしまうわけだ。そこで、取引価格は市場価格を参考に、流動性リスクを加味して、お互いの合意のもとに決めて取引をする。

夜間取引も同じじゃないかな。一時的にポジションを抱えることになるだろうけど時期を見て、相対でカバーをしたり、翌朝、市場に流したりするんだろう」

舞子が尋ねた。

「相対でカバーするって？　『市場に流す』もよく分からないんですけど」

「顧客に買われるとショートポジションができるよね。その買い戻しに同業者と直接取引をすれば『相対でカバー』、市場に買いを入れると『市場に流す』というところかな。もっとも、夜間取引をするオンライン証券は、自分でポジションは取らないだろうから、うちや他の大手証券ですぐにカバーするんじゃないかな？」

　ユキが言った。

「なんか夜間取引は『オークション方式』だって聞きましたけど……」

　テツが答えた。

「オークション方式なのか……ということは、複数の顧客からの売りや買いの注文をシステムのなかでつけ合わせて、発注の時間や価格にもとづいて出合わせるんだね。つまり、買い注文が増えれば株価は上がるし、逆なら下がる。需給に応じて株価が変動するから、より市場実勢に近い価格で売買できると言えるね。証券会社がポジションを取る必要はないな」

　ユキが尋ねた。

「参加者の少ない『薄い』マーケットで株価が歪むことはないのですか？」

「どうだろう……東京の米国債市場や、アメリカの西海岸からニュージーランドにかけての為替市場は薄いので、その時だけ価格が歪むことも、たまにはある。けれど、大きな市場が開くころには戻っていることが多いね。あまり深刻な問題にはならないと思うけど」

相場の極意

「随分、遅くなったね。もう閉店だ」

舞子とユキが同時に言った。

「今日は本当にありがとうございました」

さらにユキが言った。

「最後にもうひとつだけ。相場の極意ってありますか？」

「極意か……。けっして諦めないことかな。常に大儲けのチャンスはあるんだから、やり続けることだね。

でも、やり続けるためにはリスク管理をしっかりとする必要がある。そして、いつも前向きでいるために恐怖や欲望をコントロールすることが必要なんだ。

相場が五分五分の確率で上下するんだとしたら、また自分の勝ち負けも五分五分の確率だとしたら、負けの五分は早く損切って、損をできるだけ小さくしたほうがよい。いろいろ考えたり、迷ったりするのは、勝ちの五分でやるんだ。運が悪ければ、その勝ちの五分はやっと負けの五分を埋め合わせるだけでしかない。運が良ければ相当儲かる。そうやってやり続けていれば、いつか大儲けもできるんだ」

ユキも舞子もなんとなく納得して言った。

「今日はご馳走様でした。明日からもよろしくお願いします」

第4章

リスクマネジメント

1. リスクは避けるものではなく、うまく管理すべきもの

ここまでは初心者の方々にも「相場」というものの理解を深めてもらうために、先輩ディーラーと彼に質問するトレーニーとの会話という物語形式をとってきました。テツによる相場解説はここで終わりにして、第1章と第2章を簡単に振り返ってみましょう。

第1章　株価を動かす要因を知る

●株価に限らず、市場価格はポジションの保有期間によって決定的とも言える影響を受けている。

●市場で売り買いしている人たちの資金は、法人、個人に関わらず、投資勘定と投機勘定とに大別される。

●一般に株価を動かす材料と見なされているものは、そのほとんどが投資勘定のた

めのものである。

●どんな相場でも最終的には投機勘定のほうが力を持つようになる。つまり、多くの相場はバブルやミニ・バブルにまで行き着いてしまう。

●相場を理解するには、そういった構造的な価格変動の仕組みを知る必要がある。

第２章　株式市場で注目すべき材料

一般的に株式市場で注目されている材料を分析してきました。この章で取り上げた材料はすべて、株式市場を動かす外部要因だと言えます。

株価はこれら外部要因のほかにも、信用取引の残高や株式供給量などといった市場内部の要因によっても動きます。どちらもそれによって実際に株価が動くわけですから、いずれ劣らぬ重要な要因だと言えます。

しかし、まずは外部要因をしっかりと理解しておく必要があります。株式市場が、政治や金利や為替やスーパーの売上などといった、自分たちの日々の生活と密接に関係していることを知る必要があるためです。

この二つの章で株式市場での価格変動についての一通りの知識は得られたと思い

ます。ここで今まで述べてきた投資と投機との違いを整理しておきましょう。

投資＝資本を投じるもの
投機＝機（タイミング）に投じるもの

投資＝保有。あるいは買い切り、売り切り
投機＝キャピタルゲイン狙いの売買。売り戻し、買い戻しが前提

投資＝余裕資金、手元資金、預かり資産の運用
投機＝借入金、信用を利用した運用

投資＝トレンド（価格の方向性）に関与する
投機＝ボラティリティ（価格の振幅）に関与する

投資＝量に厳しい制限がある
投機＝時間に厳しい制限がある

投資＝実需（事情）
投機＝仮需（意欲）

投資＝上げ相場には強いが、下げ相場では資産のキャッシュ比率を高める、ヘッジ率を高めるなど以外に打つ手がない
投機＝基本的には上げ下げどちらの方向にも収益を狙える

投資＝値下がりは投資環境の改善をも意味する
投機＝値下がりは投機の失敗以外を意味しない（買いの場合。売りの場合は逆）

投資＝市場を利用する
投機＝市場（に流動性）を提供する

投資＝投資物件そのものを分析して投資判断とする
投機＝なんでも材料にできる。時に材料は後からついてくる

投資＝投資判断の材料は理解できていると信じるところから始まる
投機＝水面下の動きは見えないので、価格の動きだけを信じる

相場は、このようにまったく性質の違う二つの資金、投資勘定を横糸（トレンド）に、投機勘定を縦糸（値幅）に綾なすタペストリーだという見方もできるのです。

リスクの管理

これからの第4章では実際の運用でもっとも大切なことである「リスクの管理」について述べていきます。

生きているかぎり、何をしていてもリスクはつきまといます。何もしないことにもリスクは存在します。リスクとは避けようとして避けられるものではないのです。

自分で率先してリスクを取らないことは、自分の運命を他人に委ねることを意味します。例えば、同じ自動車に乗っていながら、助手席のほうが運転席よりも安全だと見なすようなものなのです。

リスクとは避けるものではなく、うまく管理すべきものだと言えます。

【ストップロスオーダー】 建玉につき、相場変動が自分にとって不利な方向に動いた場合、その損失を一定のレベルで抑えるために出しておく逆指値注文。

資産、資金の運用でも同様です。銀行預金やMMFといったものにもリスクは存在します。プロが運用する年金や投信にもリスクはあります。自分でリスクを取って運用しないということは、自分の運命を他人任せにしているということです。

他人任せにすることが悪いとは申しません。しかし他人任せにしていながら、損失が出るとクレームをつけるのでは、少なくとも潔い生き方だとは言えないでしょう。

株式投資にはリスクがあります。どのようなリスクかは本書を読むまでもなく明らかでしょう。明らかな、よく見えたリスクは性質の良いリスクです。なぜなら対処の仕方も明らかだからです。

相場に向かうときの心構えや、リスク管理、トレーディングの実践的アイデアなどは、拙著『生き残りのディーリング』（東洋経済新報社）、『生き残りのディーリング 決定版』（パンローリング）、『リスク管理資金運用・プロのノウハウ』（日本実業出版社）に詳しく述べています。どれか1冊はぜひ読んでほしいと思います。

相場でやられて損することを思えば、本代など無料からの誤差の範囲のようなものです。後悔を少なくするには、なにごとにも準備、備えが必要です。

ここでは株式投資のリスク管理として、これだけは徹底的に理解していてもらいたい「損切りの大切さ」のみに焦点を当てていきます。

【ロスカット＝Loss-Cut】 保有しているポジションを反対売買することによって損失を確定すること。損切り。

2．姿を消したスーパーディーラー

今を去る16年前、私が最初の著書『生き残りのディーリング』で損切りを徹底させることの重要さを説いたころ、まだ損切りは市民権を得ていなかったように思います。当時は、まだバブルのマインドが抜けておらず、投資の秘訣は辛抱することであり、下がれば持ちこたえる、もしくは「ナンピン買い」をすることでした。

ナンピン買いとは、自分が購入した株式や債券、通貨などが値を下げたとき、トータルの買いコストを下げ（簿価を下げ）るために、下値で買い増すことです。例えば、100で買ったものが90に値を下げたとき、そこで同じ量を買い増せば平均コストは95になります。したがって相場が半値以上そこから戻せば、評価損から無事に脱出できることになるのです（**図4―1**）。

実のところ、ナンピン買いは統計学的にも一理ある手法です。例えば、ボラティリティが32％の銘柄の場合を考えてみましょう。これは年率で表していますので、

【ナンピン買い】 値下がりしたものの平均コストを下げるために買い増すこと。

図 4-1　ナンピン買いの仕組み

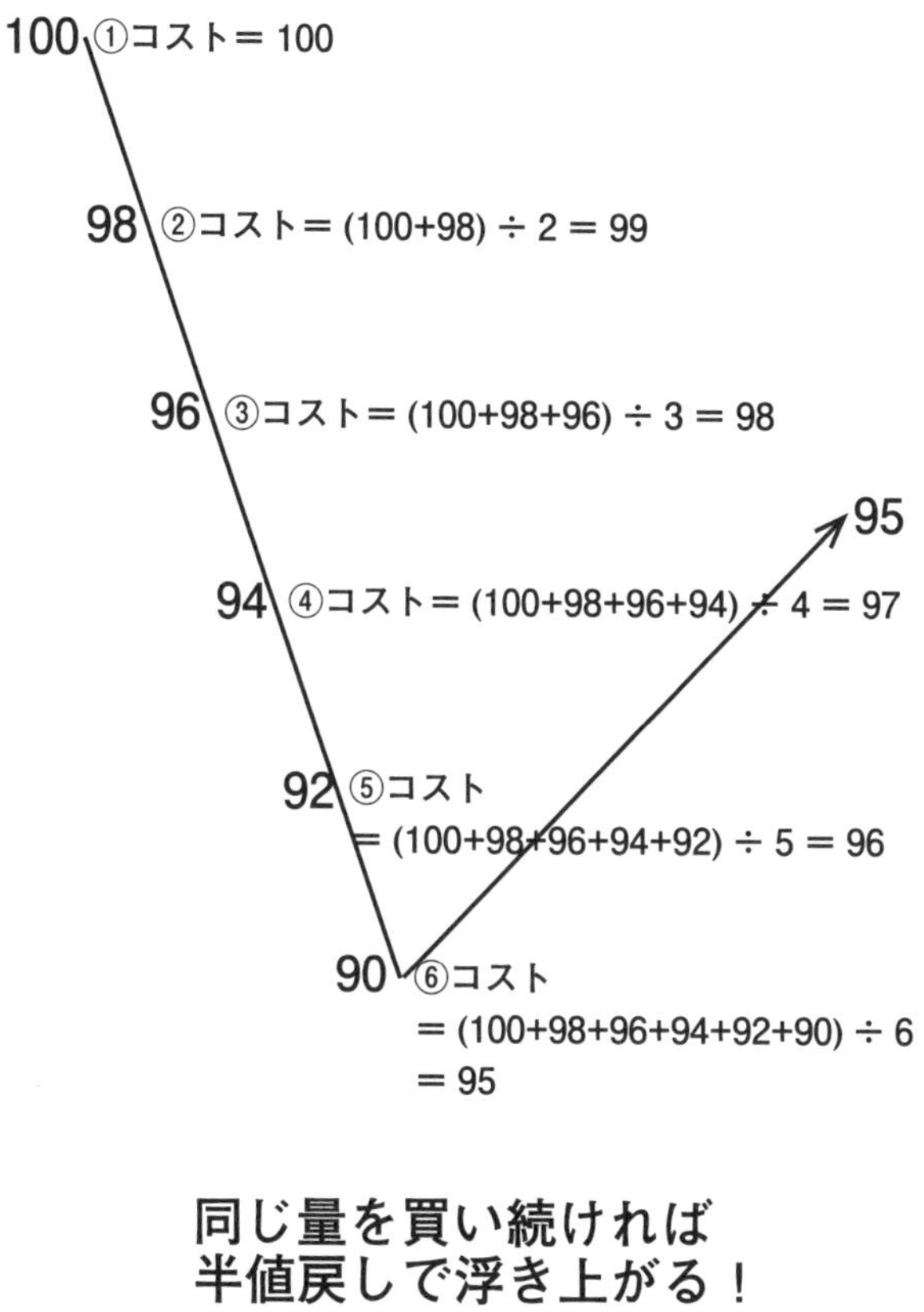
100 ①コスト＝100
98 ②コスト＝(100+98) ÷ 2 ＝ 99
96 ③コスト＝(100+98+96) ÷ 3 ＝ 98
95
94 ④コスト＝(100+98+96+94) ÷ 4 ＝ 97
92 ⑤コスト
＝(100+98+96+94+92) ÷ 5 ＝ 96
90 ⑥コスト
＝(100+98+96+94+92+90) ÷ 6
＝95
同じ量を買い続ければ
半値戻しで浮き上がる！

1日のボラティリティを知るには、16（256＝1年の営業日数の平方根）で割ります。このような計算をするのは「ある期間のボラティリティが1％である場合、その期間を2倍にすると、ボラティリティは1・41421356％、つまり2の平方根になる」という事実があるからです。

したがって、1日のボラティリティは2％と出ます。正規分布の確率論では、この株価は68・3％の確率で終値が前日の終値の上下2％ずつの変動幅（シグマ1）に収まることになります。また、95・4％の確率で上下4％ずつの変動幅（シグマ2）に収まり、そして99・7％の確率で上下6％の幅（シグマ3）に収まることになることを意味しているわけです（**図4―2**）。

つまり、1日で6％以上も下落したなら、ほぼ100％の確率で引け値では6％の内側に戻っていることになります。

仮にあなたが購入した銘柄のボラティリティが32％だとしましょう。1日で750円から700円に値下がりしたとすれば、その下落率は6・7％となります。したがって、統計上最適な選択はナンピン買いだと言えるのです。6・7％の下落（700円）で買って、6％（705円）以内まで戻ってくれたなら、新しいコストの725円まであと一歩という感じになるからです。4％以内なら720円、2％

【ボラティリティ＝Volatility】 価格の振幅。価格やレートの予測変動率。

図 4-2　正規分布における標準偏差

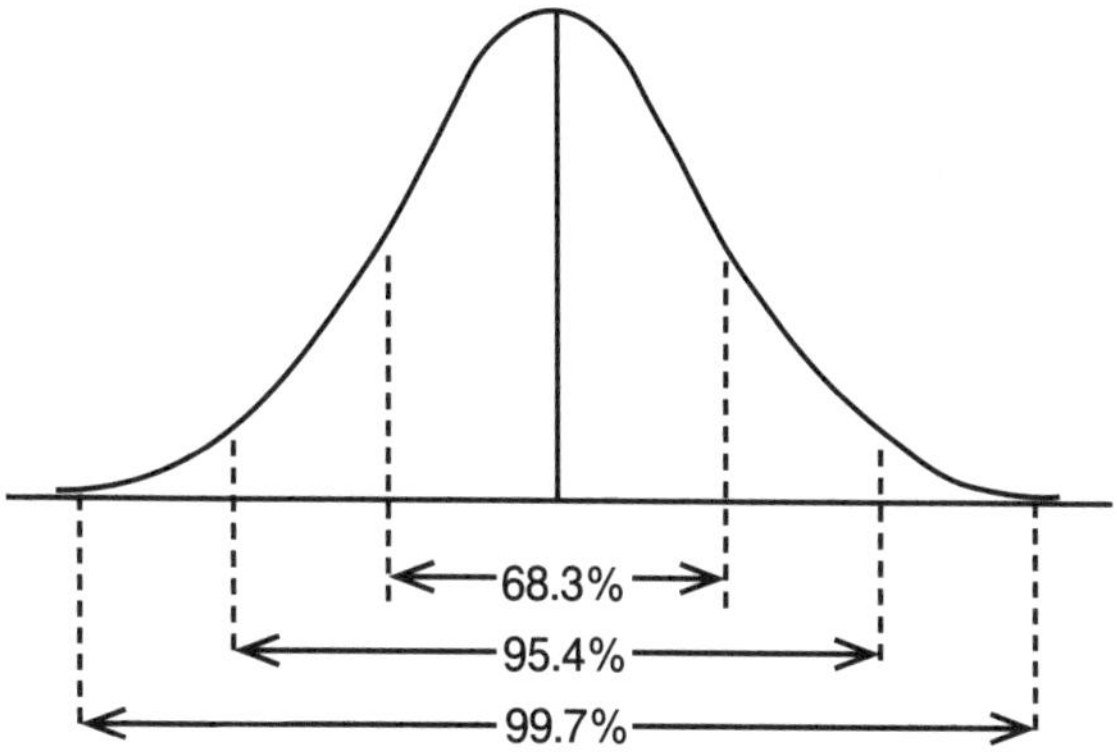

以内なら735円まで戻して、10円の利益が出ます。

ところが現実は異なります。「標準偏差の両端は、あり得ないほどの確率で例外が頻発する」とされているのです。そのためでしょう。私はナンピンを得意技としていた人が、相場の世界から消え去った例を枚挙に暇がないほど知っています。

また、先の標準偏差は、毎日２％ずつ下落する分には、当たり前の確率でどこまでも下落します。ナンピンはその時のポジションが大きくなっています。ですから、たいへん危険な手法なのです。

ナンピン買いは、相場が右肩上がりで、時折の下げが単なる「調整」と呼ば

【標準偏差】価格の散らばりの度合を表す数値。平均値と各価格の差（偏差）を２乗し、それを価格の数で平均した値の平方根として求める。

れるときには効果的です。また「保ち合い」と呼ばれるような、株価が一定の高値、安値間を往復しているような相場でも効果を発揮します。そういった相場つきで、下がればナンピン、上がれば素早く利食うことを繰り返せば、勝率9割も可能なのです。そのためか、当時は自己勘定でのトレーディングに熱心な日米の大手金融機関のディーラーたちにも、ナンピン買いは広く支持されていました（私は期待収益に対するリスクが大きすぎるとして、ナンピン買いを一貫して否定しています）。

そのころの「スーパーディーラー」とは、躊躇せずに大きなポジションを取れ、大きく買って、下がっても売らずに辛抱できるディーラーでした。相場に踏みとどまる力があることを英語で「ステイング・パワー（Staying Power）」があると言います。

大手の金融機関は体力がありますので、そういった所にはスーパーディーラーたちが目立っていました。彼らはしばしば冷や汗を流し、時には胃を痛めながらも、最後には勝利し、名声と大きなボーナスとを手にしていたのです。

ところが、株式市場や不動産市況はバブル後、長期の下落局面に入りました。またバブルとは呼ばれませんでしたが、債券や通貨も「Staying Power」の限界を試すかのように乱高下し、かつてのスーパーディーラーたちもほとんどが姿を消してしまったのです。

3．市民権を得た「損切りの徹底」

この16年間に『マーケットの魔術師』（J・シュワッガー著、日本経済新聞社刊、パンローリングから復刊）、『新マーケットの魔術師』（J・シュワッガー著、パンローリング刊）などの本が数多く紹介されたこともあり、「損切り」も「バイ・アンド・ホールド」などと同じレベルでの市民権を得たように思えます。

少なくとも損切りを「ころころと相場観を変えるようでは儲からない」などと貶めることがなくなりました。ひとつの投資の考え方、手法として認知されるようになったと思います。

著名なマーケットの魔術師である投資家ウィリアム・オニールは、著書『オニールの成長株発掘法』（パンローリング刊）のなかで「赤いドレスの話」として次のように損切りの大切さを語っています。

ある意味、株式売買は自営のビジネスと同じである。投資はビジネスであり、ビジネスと同様の考え方で行うべきである。

小さな婦人服のブティックを経営していると仮定してほしい。黄色、緑色、赤の三色のドレスを仕入れて店頭に並べている。赤いドレスは早々に売り切れ、緑は半分だけ売れて、黄色は全然売れなかったとする。そのときあなたはどうするだろうか?

仕入れ担当者に対して、「赤いドレスは完売した。黄色には需要がないようだけれど、黄色のドレスはオシャレだと思うし、黄色は私の好きな色だから、取りあえず黄色をもう少し入荷しましょう」と言うだろうか?

もちろんそんなことは言わないだろう!

小売業で生き残っている賢明な業者は、この苦境を客観視してこう言うだろう。「完全に仕入れを誤った。黄色いドレスはやめた方がよい。10%値引きして売ってしまおう。もしその値段でも売れなかったら、20%引きにしよう。さっさと資金を引き揚げて、売れ筋の赤をもっと仕入れよう」

これが小売業における常識である。投資でもこれと同じことをやるべきだ。そうしない手があろうか？

オニールは「相場の判断を間違えたとき、唯一すべきことは、それを正すこと」と言い、素早い損切りを勧めています。

私もバブルの崩壊だけでなく、ベルリンの壁の崩壊、中南米、ロシア、アジアなどの通貨危機などを見るにつけ、「損切りこそが身を守る唯一の手段」だとの確信を深めています。もっともベルリンの壁の崩壊のようなことは、東側に市場らしい市場がなかったため、損切りができず、ルーブルなどの通貨が紙切れ同然になってしまうのを国民はただ呆然と見ているしかありませんでした。先のことなど分からないものです。

損切りは綱渡り師の「命綱」です。羽のない身ならば、命綱を（損切りを）ためらうべきではないのです。

4．評価損は実現損よりも性質が悪い

「損切りが難しい」などと言っているうちは、まだ駆け出しでしょう。損は切るもの、アゲインスト（含み損を抱えた）のポジションは持ってはならないものだといえます。損は機械的に切ってよいのです。

アゲインストのポジションから、まともなものは何ひとつ産み出せません。必要以上の労力を消費させ、相場観を狂わせ、機会利益を減少させ、ひいては取り返せないほどの損を抱える危険をはらんでいます。

損は相場が自分の思惑と違う方向に進み始めたときから、すなわち市場価格が自分の買いコストを下回った瞬間から発生します。「売って損を確定しないうちは損ではない」などとは言えないのです。確定すれば実現損ですが、持っている間でも評価損という立派な損が存在します。

実は、評価損は実現損よりも性質が悪いのです。実現損は終わってしまった過去

の損ですが、評価損はまだ生きています。どこまでも成長する可能性を秘めているのです。プロのなかにはそれを逆手に取り、「俺が評価損を抱えているうちは首を切れないだろう」などと、けつをまくってしまう輩さえいます。

また、せっかく大局的な相場観が当たっていても、絶好の買い場で身動きをとれないことがあります。評価損を抱えての買い余力は高が知れていますし、ナンピン買い等でポジションがパンパンにはっていたなら、もうお手上げでしょう。ただ、ひたすら元のレベルに戻ることを願うのみなのです。

あえて機会利益について突き詰めて言うと、買いで下がって評価損を抱えたのなら、どこかで損切って売りに転じていれば逆に利益が上がっていたはずです。逆転の発想と言えるかもしれません。具体的にはドテン（途転）、倍返しです。先の例を引用すれば、黄色いドレスを叩き売って、赤いドレスを仕入れることでしょうか。すなわち評価損を抱えた状態では、機会利益をただ手をこまねいて見ているだけなのです。

評価損でさらに恐いのは、時に損の額が一投資家の耐え得る限界を超えてしまうことです。限界点は誰にでもあると思っていてください。いわゆる「器量」でしょう。

プロなら自分の年収ぐらいでビビる人はいないとは思います。しかし、会社の半期の収益などという規模に及んだなら、相当のベテランでも縮みあがるものです。場数、経験によって限界点はおのずと上がってゆくものですが、必ずどこかにあるものです。

限界点を超えるとどうなるでしょうか。もうまともな思考力は失われています。今後の身の振り方、家族の顔、プロなら顧客の顔、上司の顔……、相場には関係のないことばかりが頭のなかを駆けめぐるのです。涙をこらえる気持ちです。一種の墜落感です。

彼はもうディーラーや投資家とは呼べません。ただの阿呆です。パニックで身動きがとれなくなっているのです。

5．損は出るもの。そして、損は切るもの

損をこまめに切る。そのことによって、いつも偏らない相場観、冷静な判断力を持ち続け、ここぞという買い場、売り場では１００％の力を残したままでいられます。損切りを繰り返し、断続した損が積み重なっても、持ち続けた連続した損に比べるとたかがしれているのです。

何度も損を実現するのは嫌なもので、再び相場に入るのはたいへんな気力を要します。しかし、それによって平常心を保ち、傷つきすぎずに資金力を保つことができます。

評価損を抱えて苦しんでいる姿は、はた目には美しいかもしれません。重要な仕事をしているようでもあり、忍耐強く頼もしい人だとの印象もあるでしょう。謙虚で、かわいげすらあるものです。しかし実際には、大事な決断を先送りにしている思考停止状態にすぎません。

相場は売り買い一対で取引が成立します。考えようでは、参加者の半数が常に間違えているのです。過ちを起こさない人間はいません。相場は未来を読むものですから、思惑が外れて損が出たり、思いどおりに儲けたりするのは当たり前なのです。相場を間違えるのは恥でも何でもありません。損は出るもの。そして、損は切るものなのです。

ここで**図4－3**をご覧ください。１００から90まで下落した株価が95まで反発するという、どこにでもある相場の動きです。**図4－1**でナンピン買いの仕組みを説明したのと全く同じ価格の動きです。もしかして先ほどの**図4－1**を見て、ナンピン買いも面白そうだと思われた方がいたのではないでしょうか？

ケース①は、そのナンピン買いの損益を描いています。なにしろ6回続けて買い増しますので、ポジションは当初の6倍です。その結果、90の時点では損失額30と、下げ幅のなんと3倍もの損失を抱えています（**図4－4**）。

もちろん買い増すたびに買いコストは下がっていきます。英語ではナンピンのことを「アベレージング・コスト（Averaging Cost＝コストの平均化）」と呼びます。その結果、半値戻しの95で水面下から脱出できます。しかもこのまま上昇すれば、ポジションが大きいので大儲けができます。スーパーディーラーの誕生です。

図 4-3　株価が下落したときの３つの対処法

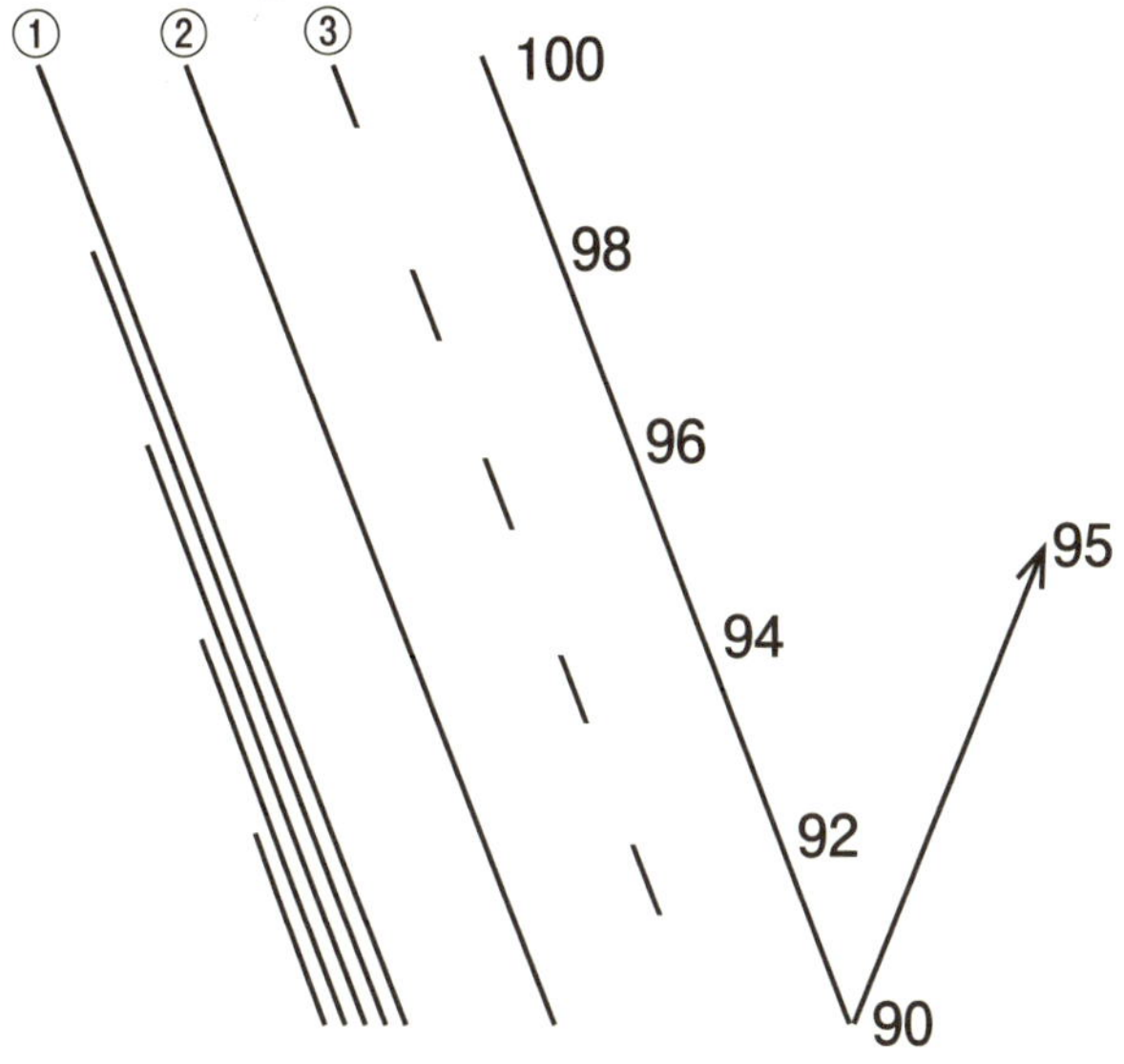

ケース①　2 ポイント下げることに同量のナンピン買い

ケース②　100 で買ったまま塩漬け

ケース③　2 ポイントで買い下がるが 0.5 ポイントで損切りをする

図 4-4　3つの対処法の結果

90 の時点での損失額

ケース①：10+8+6+4+2+0=30
ケース②：10
ケース③：0.5+0.5+0.5+0.5+0.5=2.5

95 に回復したの時点での損益

ケース①：0
ケース②：-5
ケース③：+2.5

一方、下げ続けますと一巻の終わりで、大企業でも傾くケースが稀ではありません。

ケース②は、いわゆるバイ・アンド・ホールドです。下げ幅の分だけ損失額となりますので、全戻しで初めて水面上に出ます。ナンピンして墓穴を掘るわけではありませんので、バイ・アンド・ホールドは一般に支持されている最もありきたりな手法です。

しかしたった一度の決断で後は評価損がどんどん膨らんで行くのを様子見しているだけですから、無策といわれても仕方ないでしょう。一般の理解とは裏腹に、むしろ一か八かの博打手法だと言えます。

ケース③は、買ったものが値を下げると、とりあえず損切るという手法です。相場観が変わらなければ要所要所で買い続けます。それでも、値を下げると損切るしかありません。

90の時点では、ポジションはありますが、評価損はありません。実現損が下げ幅の４分の１だけ出ています（プロのディーラーはこれでも多すぎる損失だと感じることでしょう）。

95の時点では損失を完全に取り戻し、今度は同額の収益に転じています。ポジションが軽く、損失が少ないので、買い乗せ（評価益があるときに買い増すこと）や倍返し（下げ相場だと判断し、買いポジションの損切りと同時に売りポジションをつくること）など自在に手を打つことができます。

6. 勝負は潮の流れに乗れているときに行うもの

損切りのタイミングは、当初に価格のブレを考慮して、ここを抜けたら損切ると決めたところを抜けた瞬間です。ここで躊躇してしまうと、アゲインストのポジションですら何らかの思い入れを持ってしまいがちです。「ここのレベルまでは様子を見てみよう」などという思いが、ずるずると損を大きくしてしまうのです。そして損の額が大きくなり過ぎてしまうと、今度は「こんな損はとても実現できない」となります。

多少、不適切な例かもしれませんが、ある結婚詐欺のプロがテレビでその手口を明かした話を思い出します。

結婚詐欺を働くにはハンサムである必要も、スタイルが良い必要もないそうです。要は、知り合ってからできるだけ早い時期に、相手の女性から少しでもよいから借金しろというのです。そして「今度まとめて返すから、もう少し何とかならないか」「今やっていることがうまくいくと返せるから、もう少し貸してくれ」などと、ずるずると借り続けるのがコツだと言います。

だまされた女性のほうは「この人は私がいないと駄目になる」などと自分に言い聞かせながら、その実「ここで見捨てれば、これまでの損が取り返せない」などと、自分のほうから食い下がってきます。けっして離れていかないものだと言うのです。

この話の真偽は私には分かりません。しかし、相場での評価損も似たような心理状態をつくりあげます。「この損を実現した途端に値が戻し始めるのではないか」「ここで切ってしまったら元も子もなくなる」「ここが辛抱のしどころ、いっちょナンピン買いでもするか」と、そっぽを向いている相場に自分のほうから食い下がってしまうのです。

買った商品や銘柄、通貨が値を下げるのは、自分の間違いを相場が教えてくれているのだとも考えられます。いわばケチのついたトレードなのです。そんなものにいつまでも関わっていたなら、泥沼です。深みにはまって身動きがとれなくなってしまいます。ゴルフで言えば、ペナルティの一打を惜しんで、予想外に深いラフで大叩きするようなものです。

損切りとは儲けるためのコストだとも言えます。損切りを早く、こまめに行ってコストを下げる。切った損はそれ以上に膨らみません。単純に考えると、10回買うと、うち5回は値を下げます。ここで損切りさえ忘れなければ、5回の損の総額は限定されます。その損を自分の身を滅ぼさない範囲に抑えておけば、また勝負ができるのです。

常に前向きで行きましょう。10回買うと、そのうち5回は上昇します。勝負は自分が潮の流れに乗れているときにするものです。

第5章

テクニカル分析の利用

チャートの有用性

本書の第1～3章で述べてきましたように、株式投資とはビジネスに対する資金供与です。「大事な資金を投資する将来性がそのビジネスにあるか？」「そのビジネスを運営する経営陣が有能かつ信頼に足る人物か？」「現在の進行状況は？」「過去の実績は？」……などを知るために、さまざまな指標があり、情報が公開されています。

株式投資は、それらのビジネスに関する情報に加えて、株価水準を考慮して、その投資が新たな価値を生み出すかを判断します。どんなに収益をもたらすビジネスでも、その株価では買われ過ぎていて、投下資本に対する収益がわずかしかなければ、投資を見送ったほうがよいのです。

そういった投資勘定の売買判断に、第2章で述べた材料や指標が役立ちますが、テクニカル分析を利用することもできます。投資あるいは実需が相場にどのような影響を与えるか鑑みると、上昇トレンド内で売られたところを買う、すなわち右肩上がりの相場で、サポートラインに近付いたところを買うのが効率的だと分かりま

図 5-1　チャートの利用

投資
＝株価水準を考慮
＝サポートラインに近いところで買い
トレンドを破られたら損切り

投機
＝タイミングがすべて
＝テクニカル分析を利用して判断

す。そして、トレンドを破られたなら売ることになります。

一方、投機はタイミングです。ですから、基本的に株価水準は関係ありません。高く買われている株は下値も深いと思われがちです。ところが、下落比率を見ると、低位株のほうに、より大きなリスクがあるのです。ただし、ここで言う「リスク」とは、リターンを反対側から見ただけです。ですから、低位株のほうが資金効率は良く、リターンを狙えることも意味しています（**図５―１**）。

いずれにせよ、投資家が使う投資価値を判断する指標は、投機では二次的な意味しか持ちません。キャピタルゲイン狙いではタイミングのほうが、より重要なのです。どんなに株価水準が高く思えても、多くの人が躊躇して買えていない相場ならば、投機では高値を追います。一方、誰が見ても「良い株」でも、誰もが買い終えてしまっているような相場は、投機では売れるのです。

投機はタイミングが命です。ですから投資よりも、チャートなどのテクニカル分析が役立ちます。チャートを否定する人もいますが、チャートとは過去から現在における値動きの忠実な記録です。投機が最も注意を払うべきなのは値動きですからチャートは最も信頼のおける売買の判断材料を提供してくれます。

チャートはいわば心電図やレントゲン写真のようなものです。そのものは事実しか語りません。触診だけで病名や病状を見立てられる名医もいるでしょう。しかし、それでもデータが邪魔にはならないはずです。

心電図やレントゲン写真を見る医者に知識や経験が必要なように、テクニカル分析にも知識や経験が必要となります。

1．「素」のチャート＝ローソク足とバーチャート

その銘柄がたどってきた過去の軌跡を何の偏見もなく受け入れるには、寄値（始値）、高・安値、終値（引値）だけの「素」のチャートが一番です。チャートは当てにならないなどという人は「素」のチャートに親しまれることをおすすめします。当てになるもならないも、チャートが教えてくれるその銘柄の歴史には嘘がありません。

チャートの基本は、その日一日の寄値、高・安、終値（オープン、ハイ、ロー、クローズ）を記録した日足です。より長い足には、週足、月足、四半期足、年足とあり、より短い足には時間足、分足、そしてすべての値動きを記録したティック・チャートがあります。

「素」のチャートには、バーチャートとローソク足があります。バーチャートでも寄値を左側に書き込んである物は、ローソク足と同じ情報量を持っています。

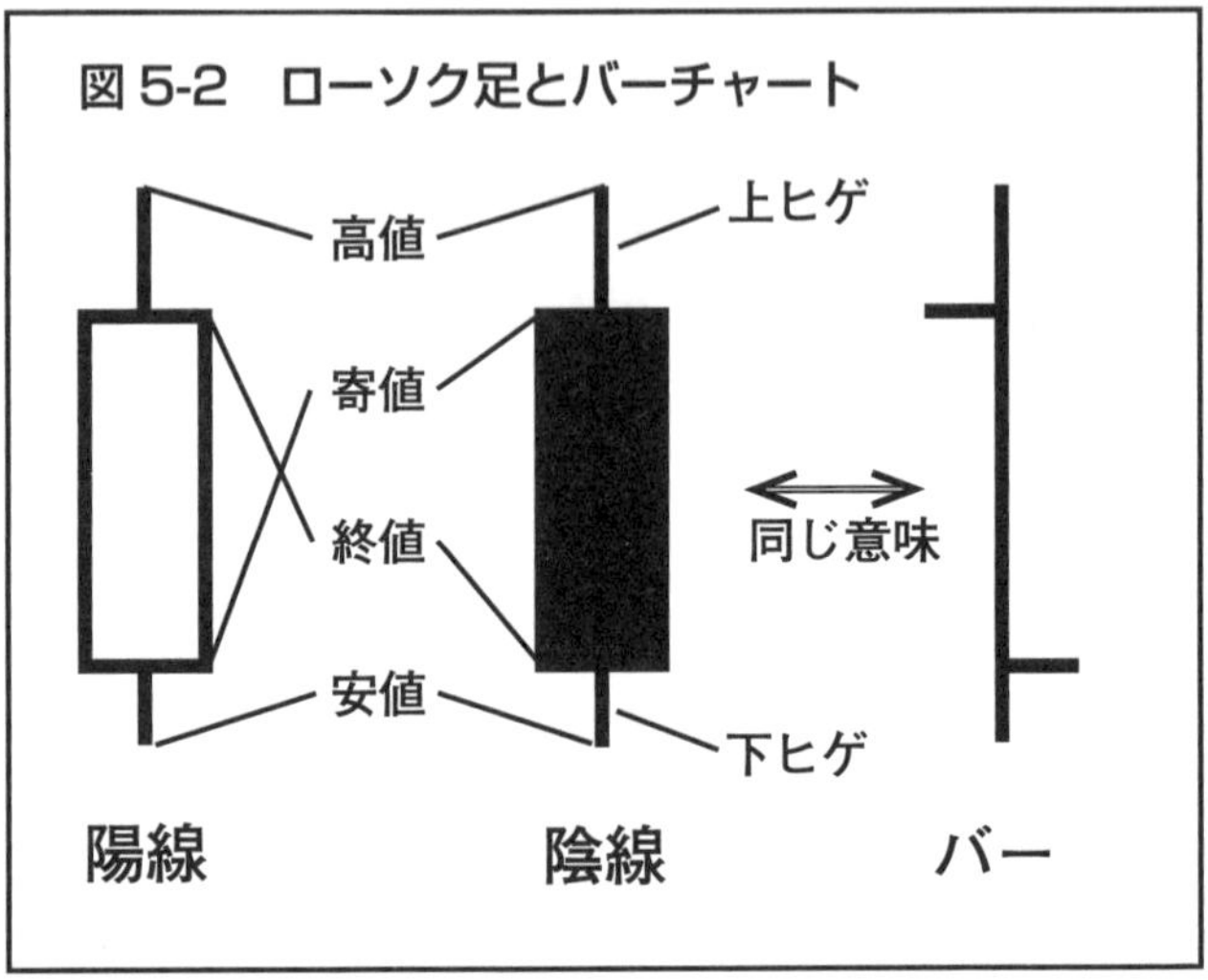

ローソク足では終値が寄値よりも高い日（上げ相場の日、以下すべて日足に代表させます）を陽線と呼び、白や赤で記入します。その逆の、終値が寄値よりも安い日（下げ相場の日）を陰線と呼び、黒く塗りつぶします（**図5―2**）。

バーチャートでは、高値・安値が1本の線、寄値と終値がそれぞれ左右の小さな横線にすぎません。一方、ローソク足は上げ相場と下げ相場、そして高値・安値が寄値、終値から突き出た「ヒゲ」を強調することになります。これによって、ローソク足では一日単位の相場の強弱が強調されるのに対し、それがないバーチャートはトレ

図5-3　ローソク足とバーチャート

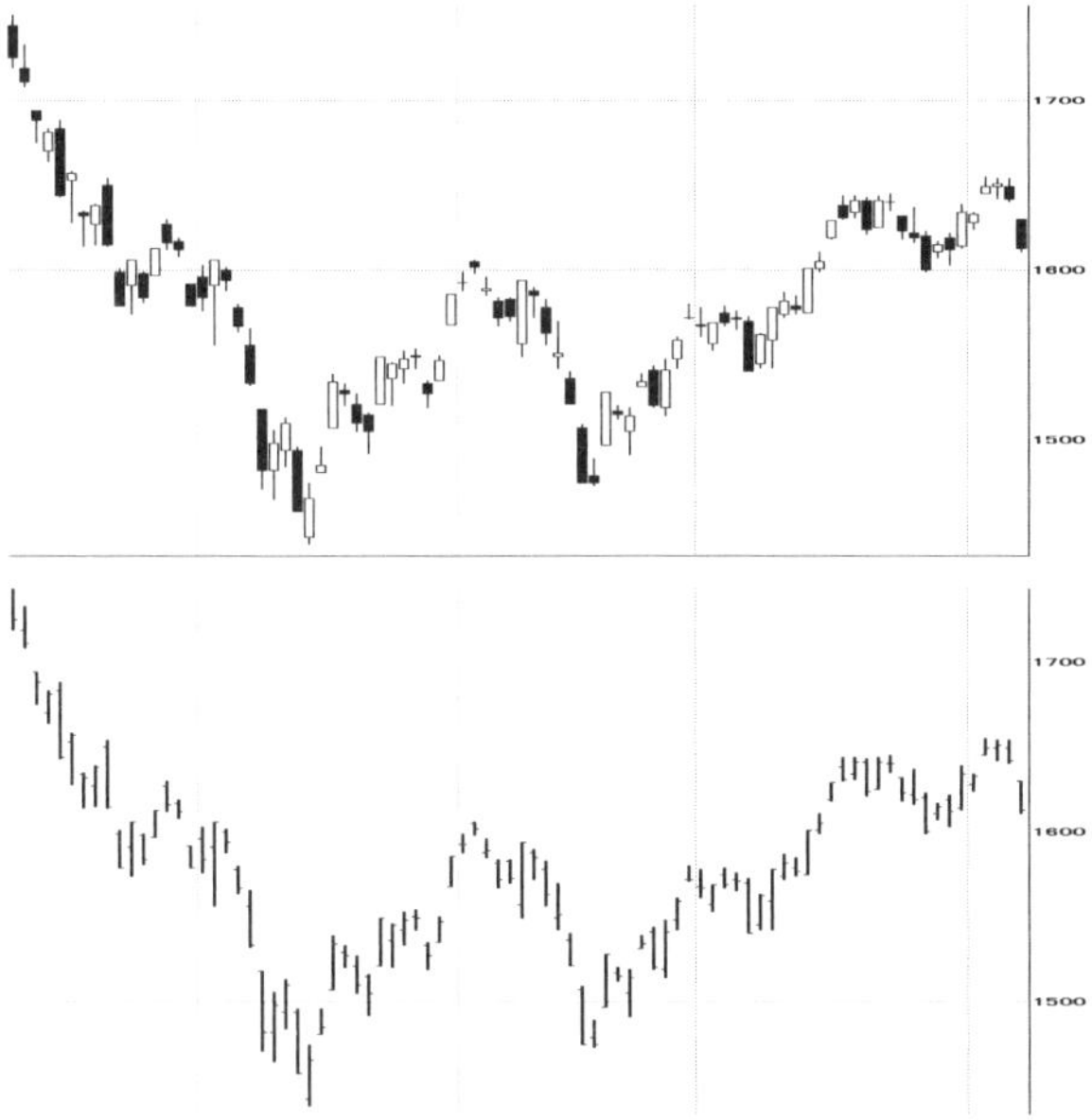

ンドが強調されます。つまり、ローソク足はより投機向き、バーチャートはより投資向きだとも言えます（**図5―3**）。

　ローソク足の見方で最も有名なものに「酒田五法」があります。ただ、他人の著作ですので、詳しくは専門書をお読み下さい。ここでは「酒田五法」も含め、チャートが伝える情報の意味するところを述べていきます。

2. トレンドライン

さて「素」のチャートは単純に見えて、多くの情報を生のままでむき出しにしています。ですから、そのままではよく分からないという人もいるでしょう。

一見、とりとめもない生の情報を整理する第一歩は、1本の線を引くことです。チャートの縦軸は価格、横軸は時間ですから、価格水準を知るために現在の株価から線を横に引きます。これだけで現在の株価の位置が強調されてきます。すなわち、たった1本の横線だけでも、いまの株価が高値圏なのか、そうでないのかといったようなことが強調されるのです。

トレンドラインを引くには、見えているチャートの期間内の最安値に定規を当て、その右側（時間的に現在に近い側）に2番目の安値を見つけて線を引きます。最安値と2番目の安値を結んだこのライン（**図5―4**のA）が、このチャートのサポートライン（下値支持線）となります。そしてBは、より直近のサポートライ

【サポートライン＝Support Line】 支持線。ある価格帯を超えて相場が下がりにくいとみられる場合にその価格水準を示すテクニカル用語。トレンドラインでは安値を結んだ線。

図 5-4　サポートライン

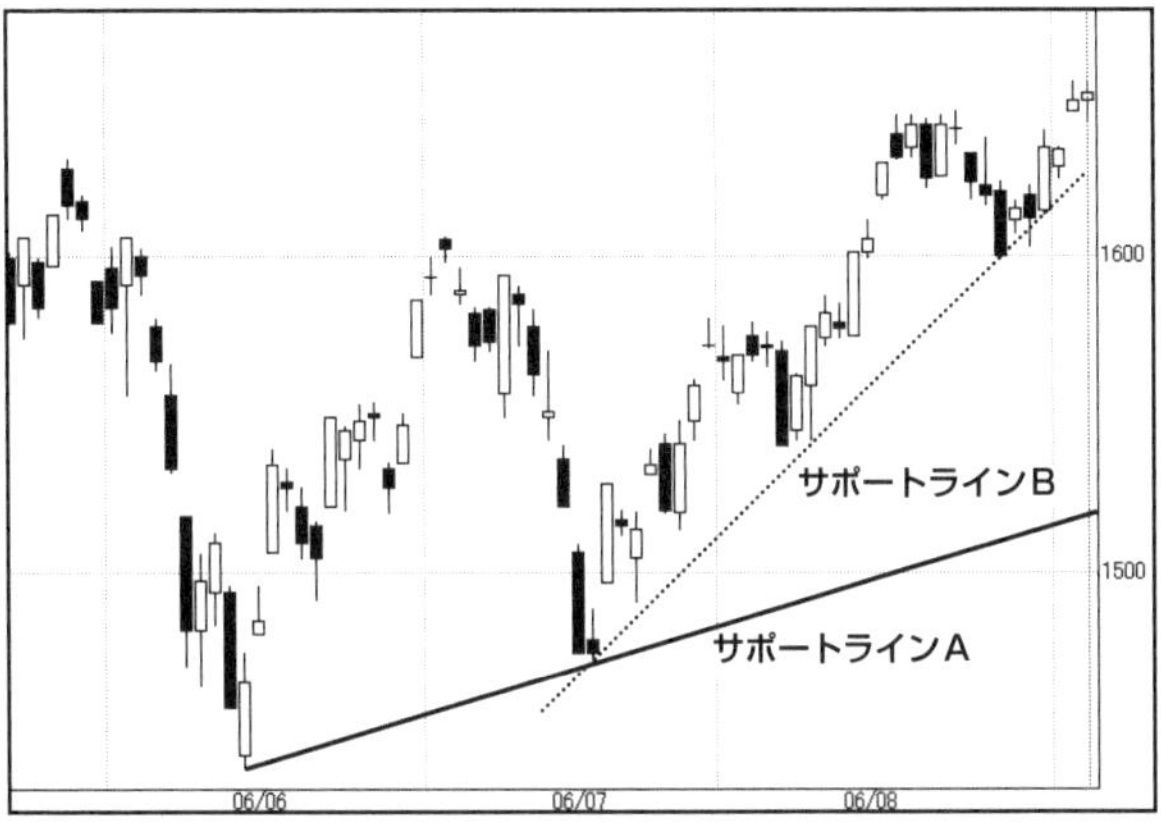

ンです。このとき、時間を少し左（過去）にずらして、そのサポートラインを不適当にしてしまう重要な安値がないか確認しておくとよいでしょう。高値でも同じようにします。

ある期間を切り取って、安値を結んだ線（サポートライン）が右に切り上がっていたなら「上昇トレンド」です。高値を結んだ線（レジスタンスライン＝上値抵抗線）が右に切り下がっていたなら「下降トレンド」です。

切り上がっていく安値を結んだサポートラインと、切り下がっていく高値を結んだレジスタンスラインに相場が囲まれていれば、トレンド模索中の「三角保ち合い」です。

【レジスタンスライン＝ Resistance Line】 抵抗線。ある価格帯を超えて相場が上がりにくいと見られる場合にその価格水準を示すテクニカル用語。トレンドラインでは高値を結んだ線。

図 5-5　4つの基本パターン

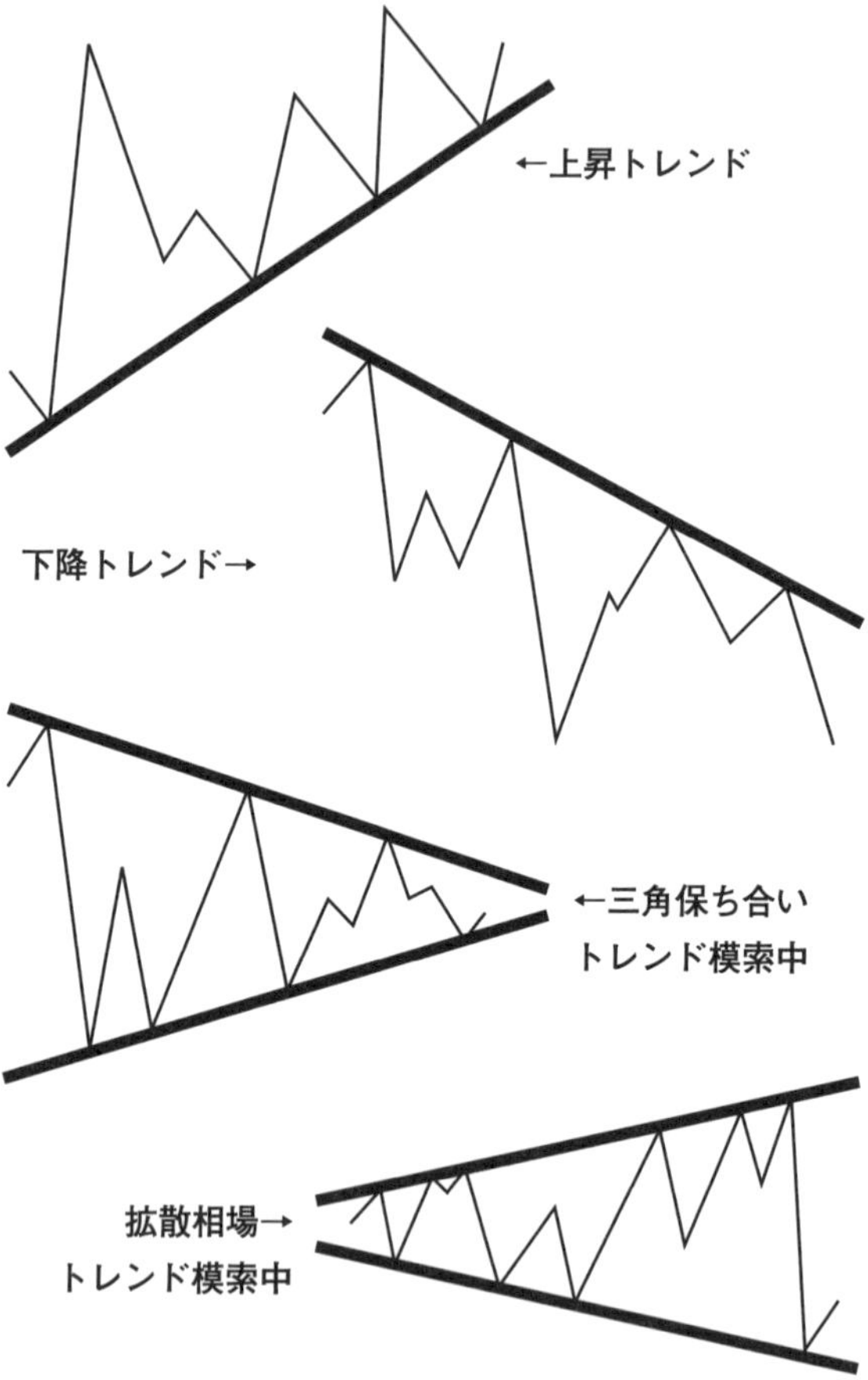

逆に安値がどんどん更新され、高値がどんどん更新されるような拡散相場には、ボラティリティだけがあって、方向性を表すトレンドはありません。拡散相場を含むこの四つがトレンドラインの基本パターンとなります（**図５―５**）。

当初はローソク足やバーが雑然と並び、うねっていたように見えたチャートも、このようにラインで囲っていくと、何らかの規則性が見えやすくなります。第２章の冒頭で説明した「相似の三角形」なども、値動きの規則性を強調してくれます。そういった規則性、相場の流れをトレンドと呼ぶのです。相似の三角形により、投資資金の存在を暗示するトレンドラインは、投機的な売買の判断にも有効です。

その期間のトレンドが見えると（トレンドを決めると）、売り買いの判断が容易になってきます。トレンドラインを売買につなげる基本は、サポートラインで買い、レジスタンスラインで売ることとです。

実際、多くの人が同じようなトレンドラインを見ているため、サポートラインの内側には買いオーダーが、レジスタンスラインの内側には売りオーダーが並ぶことになります。そして、それらのラインが破られると損切りの反対売買や、ブレイクアウトを狙う人の売買が出てきます。すなわち、トレンドラインは価格を上下に弾く力を秘めているのです。

3. 移動平均線

移動平均線を使えば、トレンドラインを引くことなしにトレンドらしきものを知ることができます。

移動平均は、当日までの過去何日間かの終値の平均値を当日の株価の上または下に点で打ちます。例えば、25日移動平均は、当日までの過去25日分の終値の和を25で割って算出した数値を当日の株価の上または下に点で書きます。平均値が株価の上にくれば当日の株価は平均値よりも安いので、これだけでもトレンドは下向きだと暗示されます。

25日線では毎日新しい終値を足し、26日前の終値を計算式から省いていきます。同じように5日線では毎日の終値を足し、6日前の終値を省いた5日分の終値の和を5で割ります。

そして、毎日の点を結んで線とします。この線が上向きならば平均値が高くなっ

【ティック】株価の最小単位の動き。

図 5-6　移動平均線

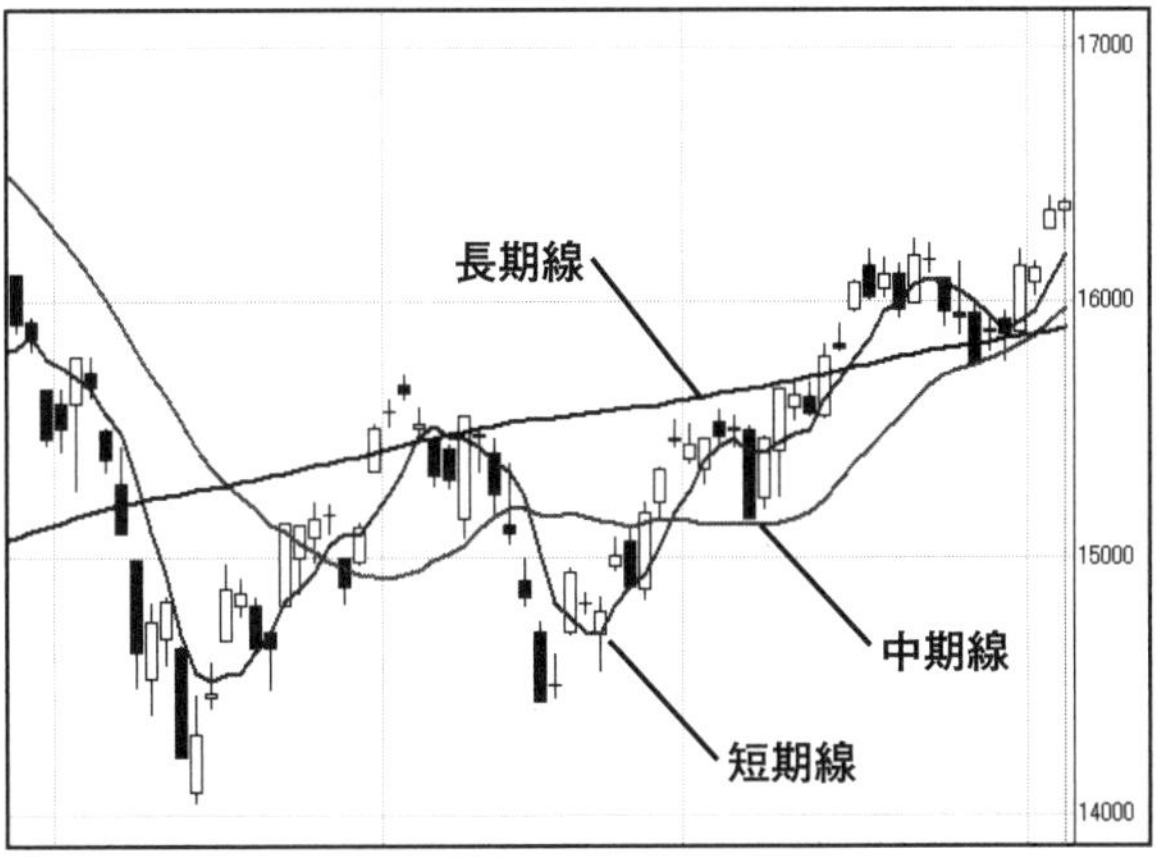

てきていますので、トレンドは上向きと暗示されます。

移動平均線は普通1本だけではなく、短期線と長期線の2本、あるいは中期線を加えた3本を組み合わせて使います。つまり、当日の株価の位置、最近のトレンド、中期トレンド、長期トレンドの組み合わせで、売り買いのサインまで出すのです。

4本以上の移動平均線を引くこともできます。しかし、移動平均線の目的がトレンドを知ること、トレンドに従った売買のサインを出すことですから、3本までで十分だと言えるでしょう（**図5－6**）。

株価が移動平均線を上抜けすれ

ば、目先トレンドが上向いたという暗示です。短期線が長期線を上抜けすれば「ゴールデンクロス」と呼ばれる「買いサイン」で、短期トレンドが上向いたことを暗示します。そして、長期線が上向いて株価や短期線を追いかけ始めると長期トレンドも上向いたという暗示です。

その逆に株価が移動平均線を下抜けすれば、目先は弱いという暗示です。短期線が長期線を下抜けすれば「デッドクロス」と呼ばれる「売りサイン」となります。短期線長期線までが下向くと、長期トレンドが下向いたという暗示です。

移動平均線は寄値、高・安値、終値の4本値のうち、終値だけを重視することで単純化し、過去からのトレンドを分かりやすく表示します。そして、その日の相場の変化は、5日線なら5分の1のインパクト（影響）、25日線なら25分の1のインパクト、200日線なら200分の1のインパクトをそれぞれの移動平均線に与えます。つまりトレンドの変化を短期線、中期線、長期線の順にゆっくりと移動平均線で現してくれるわけです。

したがって、移動平均線は本質的に株価を後追いする指標です。この後追いの部分は、方向転換を確認する「フィルター」としての機能をもっています。

フィルターとは、株価が方向転換したかを判断するとき、ダマシを排除するため

【フィルター】 タバコのフィルターのように吸わないで捨てる部分

図 5-7　フィルターの問題点

大きすぎるフィルター→サインを出すのが遅すぎ
（この場合は前の高値、安値を抜いたとき）

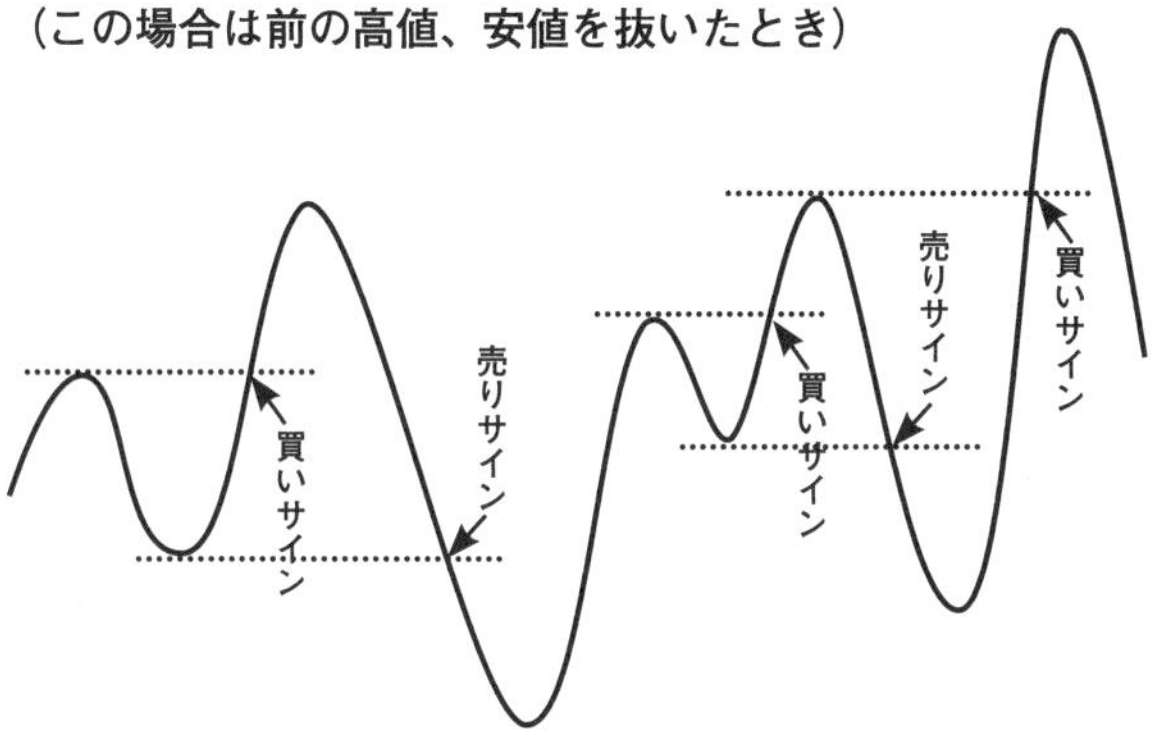

中期トレンドの上下フィルターが重なるほど厚くなり
損失を出している

に要する一定の値幅や時間のことです。フィルターが薄いと、方向転換の確認に要する値幅や時間が少ないので、ダマシが多くなったり、頻繁に方向転換の確認を出したりで忙しくなります。

一方、フィルターが厚いと、方向転換の確認に要する値幅や時間が大きいので、ダマシを排除できる代わりに、取れる値幅が少なくなります。最悪の場合、中期トレンドの上下のフィルターが重なるほどに厚くなり、損失を出してしまいます（**図5―7**）。

4．オシレーター系のテクニカル指標

オシレーター（ブレを測定する）系のテクニカル指標は、短長期２本の移動平均線の関係に注目します。例えば、長期線を横一直線にしてゼロとすれば、短期線が離れたり近付いたりするのをプラス、マイナスで表示できます（図5－8）。

どちらも数値が大きいほど短・長期線が乖離しており、小さくなるほどに接近します。そして、波打つ線が横線を下から上に（マイナスゾーンからプラスゾーンに）横切れば、移動平均線の短期線が長期線を上抜けすることですから、ゴールデンクロスを意味し、「買いサイン」です。逆にクロスすれば、デッドクロスを意味し、「売りサイン」となります。

横線を50とすれば、０～１００で表示し、70や80を買われ過ぎ、30や20を売られ過ぎともできます。

オシレーターの仲間である「ＭＡＣＤ」は、短期中期の移動平均線のからみを売

【オシレーター】 チャートから移動平均線だけを抜き出して単純化したもの。

図 5-8　オシレーター系の指標

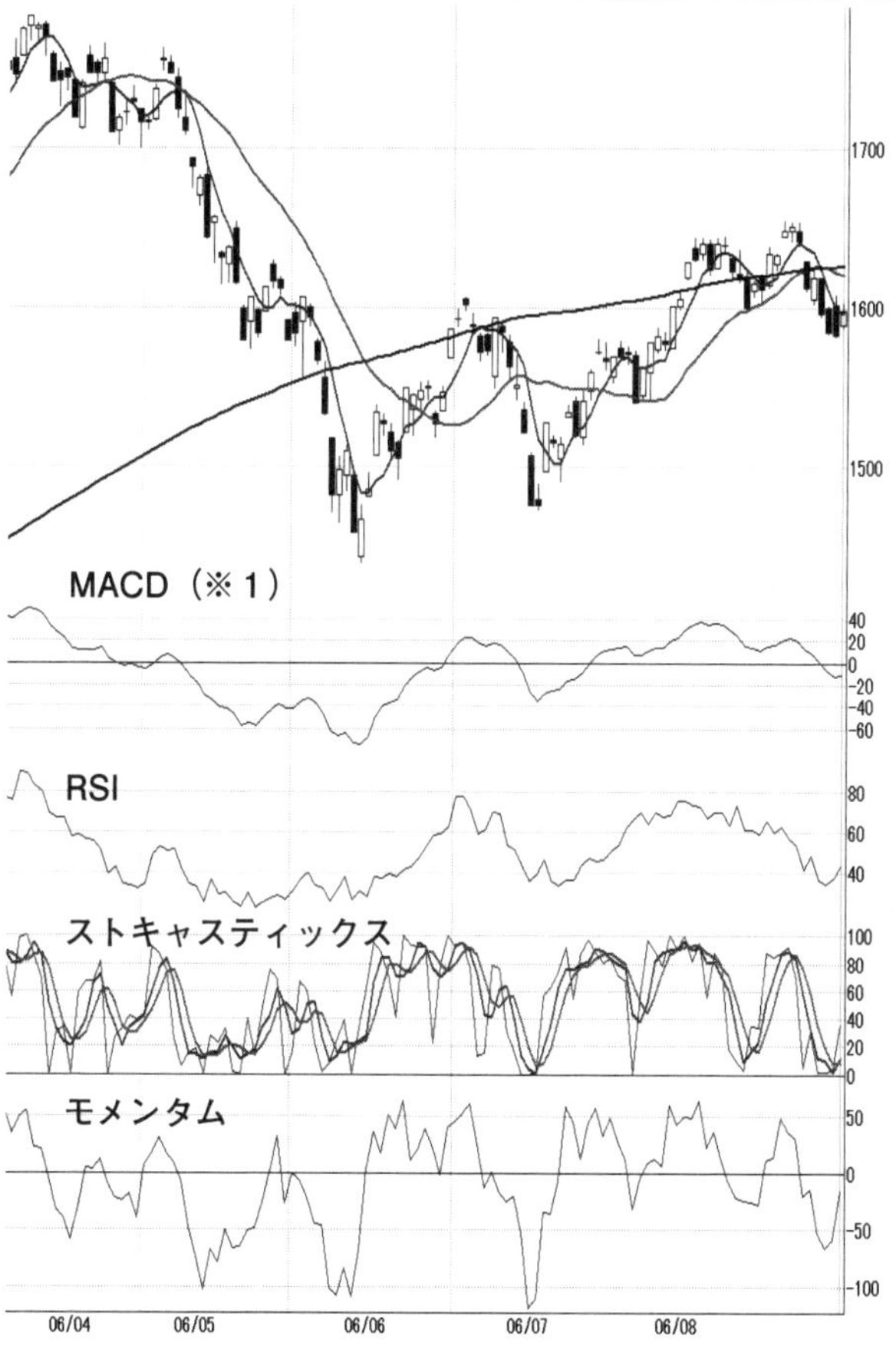

※１：図 5-8 の MACD（移動平均収束拡散法）は、その名のとおり、短期線（５日指数平滑移動平均）と中期線（20 日指数平滑移動平均）の差幅を表している。

り買いのサインにつなげます。「RSI」や「ストキャトティックス」は、終値での上げ幅、下げ幅、あるいは高値・安値などに注目し、相場の急激な変化に対して買われ過ぎ・売られ過ぎを示し、さらに後者は売買のサインにまでつなげます。「モメンタム」は単に何日か前の株価を今日の株価と比較して方向を暗示します。

その日の株価が移動平均線の短期線と中期線に与えるインパクトを思い出してください。例えば、3日連騰の持つ意味は、5日線と25日線とでは違います。ですから、短期間で急騰したりなどすると、オシレーター系のテクニカル指標は相場の行き過ぎを暗示して「買われ過ぎ」と表示します（※2）。

急騰による「買われ過ぎ」は、買い手が投機筋である場合には、ことに足の速いディーラーの自己ポジションの買いである場合、ポジション整理によって売り戻されます。ところが、長期保有が目的の投資家が買い手である場合、たとえオシレーターで「買われ過ぎ」と出ても、売りはいつまでも出てきません。

株価がいつまでも下がらずにいると、中期線が短期線に追い付いてきますので、いつの間にかオシレーターはニュートラルゾーンに戻ります。サインを信じて空売りを仕掛けたのに株価が一向に下がらないので、テクニカル指標は当てにならないと思う人もいるようです。しかし、実は指標の見方を知らないだけなのです。

※2：つまり慣れてくれば、どれも「素」のチャートを見るだけで、だいたいの形、あるいはこの指標では売られ過ぎと出ているだろう、などと推測できるようになる。

5. 一目均衡表

一目均衡表（いちもくきんこうひょう）では、ローソク足をベースに5本の補助線のからみで相場の均衡をひと目（一目）で知り、その強弱を判断します。「相場は値幅（株価）よりも時間（日柄）が重要」という思想があるようです。一目均衡表に用いられる指標は、次の５本です（**図５—９**）。

①基準線
過去26日間の高値と安値の平均値（最重視される基準となる線）。

②転換線
過去９日間の高値と安値の平均値。

③遅行線
当日の終値を26日分、左へ平行移動（26日前に移動）した線。

④先行スパンA

基準線と転換線の平均値を26日先に記入した線。

⑤先行スパンB

過去52日間の高値と安値の平均値を26日先に記入した線。

また、一目均衡表では、次のことを売買の判断に使います。

1．短中期線の交差

転換線（短期間の平均値）が基準線（中期間の平均値）を上回れば買い。下回れば売り。

2．基準線の向き

基準線が上向けば買い。下向けば売り。

3．株価とクモの位置関係、交差

二つの先行スパンに挟まれたゾーンを「クモ」と呼びます。株価がクモを上抜けすれば買い。下抜けすれば売り。すなわち、株価がクモよりも下にある間はクモは上値抵抗帯となり、株価がクモよりも上にあればクモは下値支持帯となります。

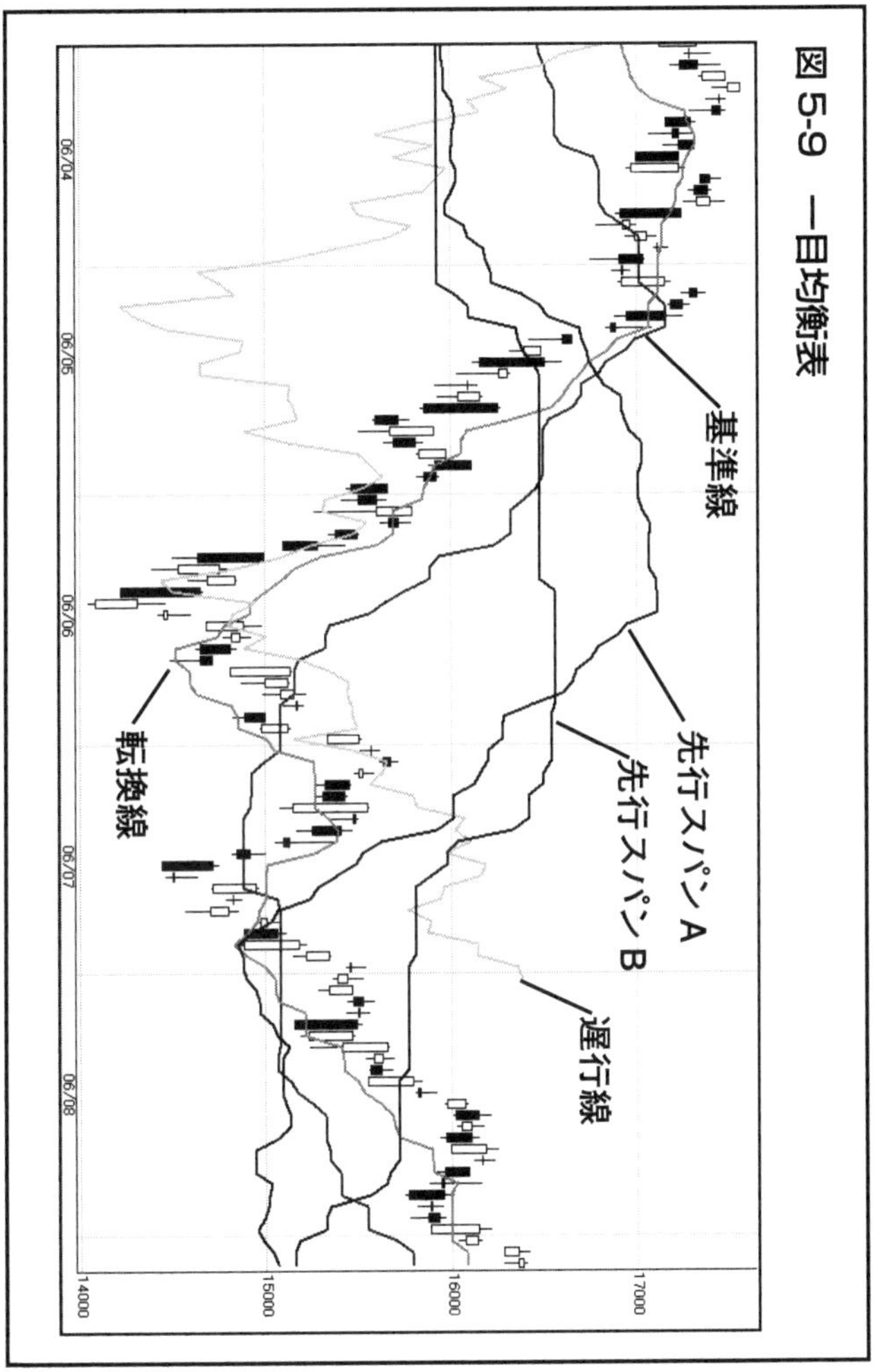
基準線
先行スパンA
先行スパンB
遅行線
転換線
06/04
06/05
06/06
06/07
06/08
14000
15000
16000
17000

図5-9　一目均衡表

クモが厚ければ抵抗（支持）力が強く、薄ければ抵抗（支持）力が弱いと判断します。また、二つの先行スパンが交差するところは「変化日」と考え、相場の節目になりやすいとされています。

4．株価と遅行線の位置関係

遅行線がそこにある日（26日前）の株価を上回っていれば強気、下回っていれば弱気と見ます。

基本的に、終値ではなく高値と安値の平均値を用いた移動平均線の組み合わせと考えてよさそうです。いつも相場を後追いする移動平均線の弱点を先行スパンによって解消するという改良が試みられています。

オシレーター系の指標と違い、一目均衡表は基本的に設定の変更（カスタマイズ）を許しません。すなわち、すべての人が同じチャートを見ることになります。これは9日や26日という数値に「意味」を見出しているためです。したがって、一目均衡表を信じる人が多ければ、それだけ同じ行動をとる人も増えます。面白い結果になりそうです。

6．パラボリック

「トレイリングストップ」という「ストップオーダー」をご存知ですか？

まずストップオーダーとは「逆指値」のことです。相場が自分とは逆にいったときに、それ以上損失が膨らまないようにする「ストップロス」に使うことが一般的です。

また、ストップロスを入れるレベルは、そこを抜けたら大動きすると暗示されているところが多いため、あえてそこから新たなポジションをつくる「ストップエンター」と言われる逆指値注文があります。ブレイクアウトを指値注文で狙うとすれば、その注文はストップエンターです。

トレイリングストップは、ポジションの評価益が膨らむにつれてストップオーダーの水準をトレイル（後追い）させ、利益を追求しながらも逆に動いたときに、ある程度の利益を確定させて仕切るストップオーダーです。

【逆指値注文＝Stop Order】通常の指値注文は取引値より下に買い指値、上に売り指値をするものだが、逆指値注文は上に抜ければ買い、下に抜ければ売りという指値をする注文。ロスカットにつながる注文を「ストップロス」、ポジションをつくる注文を「ストップエンター」と呼ぶ。

図 5-10　パラボリック

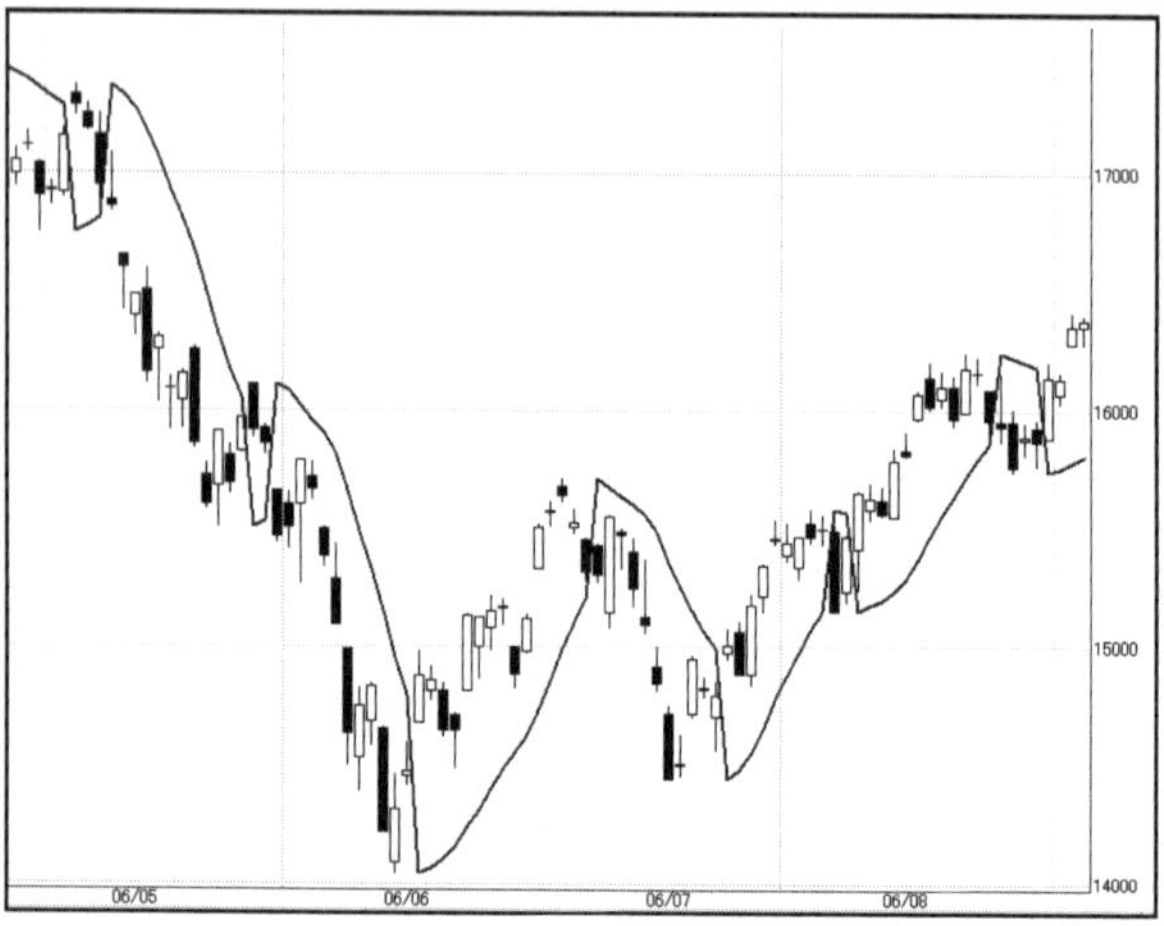

そのような「そこを抜けたら大きそうだ」というストップレベルを表示してくれるのがパラボリックです。パラボリックはトレンドフォロー型の指標で、売り買いのサインを出してくれます（**図5－10**）。

パラボリックもトレイリングなのですから、株価を後追いします。移動平均線と同様、急激な価格の変化にはついていけず、急騰などの局面では取り残され、高値圏でもみあい始めると追い付き、そこから株価がだれ始めると上に突き抜けて、「売りサイン」を出すようになります。

【指値注文＝ Limit Order】 売買取引注文をするときに数量とともに取引値段を指定すること。

7．ボリンジャーバンド

「ボリンジャーバンド」は過去の実際の値動きを表す「ヒストリカル・ボラティリティ」を目で見えるようにしたものとお考えください。

例えば、ヒストリカル・ボラティリティが16％の株があったとします。ボラティリティの表示は年率でなされるので、まず1日当たりのボラティリティに直すことにします。

第4章でも指摘しましたように「ある期間でのボラティリティが1％である場合、その期間を2倍にすると、ボラティリティは1・41421356％になる」という事実があります（204ページ参照）。つまり、2の平方根になるのです。

土日休日を除いた1年の立会日が約256日だとすると、256の平方根は16ですから、年率のボラティリティを16で割ると1日分が出ます。すなわち、この株の場合、1日のボラティリティは1％になります。

【ヒストリカル・ボラティリティ＝Historical Volatility】ある期間の実際の価格変動率。過去の価格振幅のこと。シャープレシオによるとファンドや金融商品のリスク要因になる。

オプションの理論に用いられている正規分布の確率論では、この株価は68・3％の確率で終値が前日の終値の上下1％ずつの変動幅（シグマ1）に収まることになります。また、95・4％の確率で上下2％ずつの変動幅（シグマ2）に収まり、そして99・7％の確率で上下3％の幅（シグマ3）に収まることになります。

また、ヒストリカル・ボラティリティが32％の株だと、1日のボラティリティは2％になるので、68・3％の確率で終値が前日の終値の上下2％ずつの変動幅に収まります。そして95・4％の確率で上下4％ずつの変動幅に収まり、99・7％の確率で上下6％ずつの変動幅に収まることになります。

このことは、ヒストリカル・ボラティリティ32％の株が1日で6％以上も下落したなら、ほぼ100％の確率で終値では6％の内側に戻っていることを表わしています。

もっとも、標準偏差の両端となる極端に確率の低いゾーンでは「極端に例外が多い」とも指摘されています。つまり、株価の急落急騰時に確率を頼みに損切りを怠ると、あり得ないほどの確率が頻発して死んでしまうのが相場でもあるわけです。

とはいえ、これは損切りや手仕舞い、ポジションづくりの判断材料に使えると思いませんか？　個々の株価のヒストリカル・ボラティリティを調べたり、標準

【オプション＝Option】 特定の期日（ヨーロピアンタイプ）または特定期間内（アメリカンタイプ）に契約対象物（原証券と呼ぶ株式や債券、通貨）を特定の価格（行使価格）で売買する権利。その契約商品。買う権利（を持つ契約商品）を「コール」、売る権利（を持つ契約商品）を「プット」と呼ぶ。

図 5-11　ボリンジャーバンド

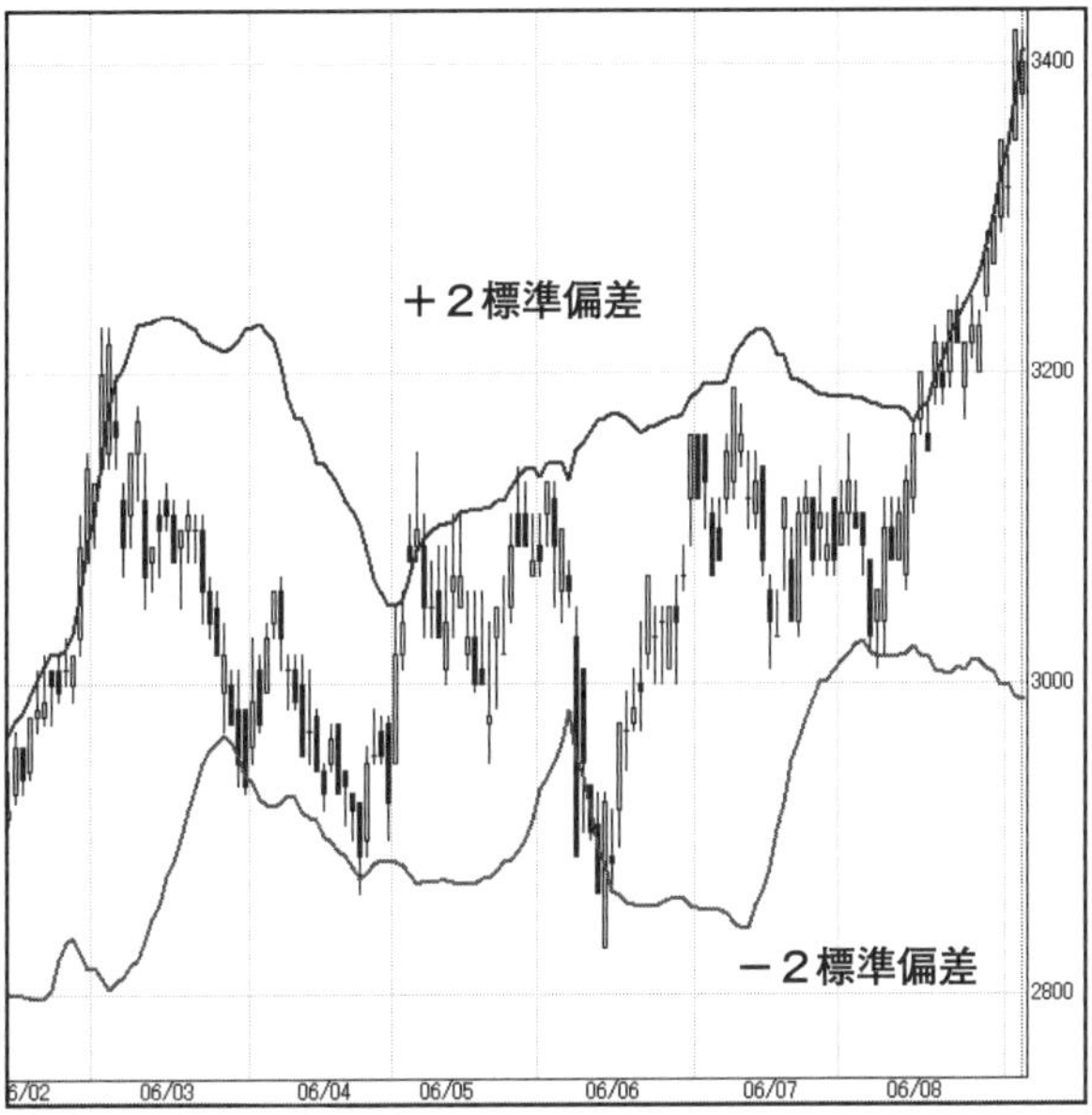

偏差を覚えるのは面倒です。しかし、ボリンジャーバンドはその作業を目で見えるようにしてくます。

　ボリンジャーバンドの「バンド」には、標準偏差が用いられています。すなわち、バンドを大きく抜けるようなことがあると、終値ではバンド内に収まっている確率が高いことを示しています（**図5−11**）。

　また、証券会社など

【インプライド・ボラティリティ＝Implied Volatility】 オプションのプレミアムから逆算した価格やレートの予想変動率。市場参加者が将来の価格変動をどのように考えているかを反映している。

のオプション・デスクは、抱えているオプションのロング（買い）ポジションのタイムディケイ（時間経過による価値の減少）を補うために「ダイナミック・ヘッジ」と言われる作業を行います。このダイナミック・ヘッジには「インプライド・ボラティリティ」を用います。

ダイナミック・ヘッジは、株価がシグマ1に届くと、ポジティブ・ガンマ（オプションのロングポジション）のヘッジが株価を抑える方向に出てきます。一方、シグマ1を抜けるとネガティブ・ガンマ（オプションのショートポジション）の損失を抑えるためのヘッジが、株価を伸ばす方向に出てきます。

つまり、トレンドラインのように、ボラティリティのシグマ1やシグマ2も、価格を弾く力を秘めているわけです。オプション・デスクのポジションは大規模なので、侮れない売買です。

ボリンジャーバンドに表示されるのは「ヒストリカル」ボラティリティですから、ダイナミック・ヘッジや損失抑えるためのヘッジといった実際の売り買いが、バンド上に現れるわけではありません。しかし、参考にはなるかもしれません。

【ダイナミック・ヘッジ＝Dynamic Hedge】時間とともに減価するオプションの価値（時間価値）を補うために行う取引。

8. 新値足、かぎ足、ポイントアンドフィギュア

チャートとは過去から現在までの値動きの忠実な記録だと述べました。それをどう解釈するかは見る人にかかっています。

これまで説明してきたテクニカル指標では「時間」が大きな意味を持っていました。移動平均線やオシレーター系、一目均衡表は２種以上の時間軸を持った線の組み合わせです。また、パラボリックやボリンジャーバンドには表だった時間軸は見えませんが、時間とともに変化します。ローソク足の解説書である「酒田五法」にも、連騰やローソク足の並び方に時間を表す数字が多く出てきます。相場ではいかに「日柄」が大事であるかが、こういったテクニカル指標に親しめば感じることができるのです。

高値や安値を結ぶだけのトレンドラインでも、どこまで過去に遡るかで引けるラインが違ってきます。また、高値と安値には常に「いつの？」という時間が付随し

ているのです。

そうしたなか、新値足、かぎ足、ポイントアンドフィギュアといったチャートは、あえて時間の概念を排除しています。テクニカル分析の目的は売り買いにつながる相場の方向を知ること。これらのチャートは、あえて時間を省くことで、方向性を明確にしようと試みているのです。

時間を重要視するテクニカル指標では、例えば株価の横這いは大きな意味を持っています。移動平均線やオシレーター、パラボリック、ボリンジャーバンド、一目均衡表などのすべてが変化し続けます。一方、時間を排除したものは、株価の横這いは何も起こらなかったことと同じ扱いです。

新値足とかぎ足は同じものです。ローソク足状に表記するか、かぎ形の線で表示するかの違いです。上昇局面にある「新値3本足」を例にとると、高値を更新するたびに、陽線の新しいローソクを右側につけて伸ばしていきます。そして、方向転換の陰線を描くためには、直近3本のローソクの安値を一気に抜かなければなりません。すなわち、直近2本分の下落くらいでは方向転換とみなさず、強気のままでいろという暗示です（**図5—12**）。

この3本分は、移動平均線では株価が反転し始めてから、ゴールデンクロス、

図5-12　新値足とかぎ足

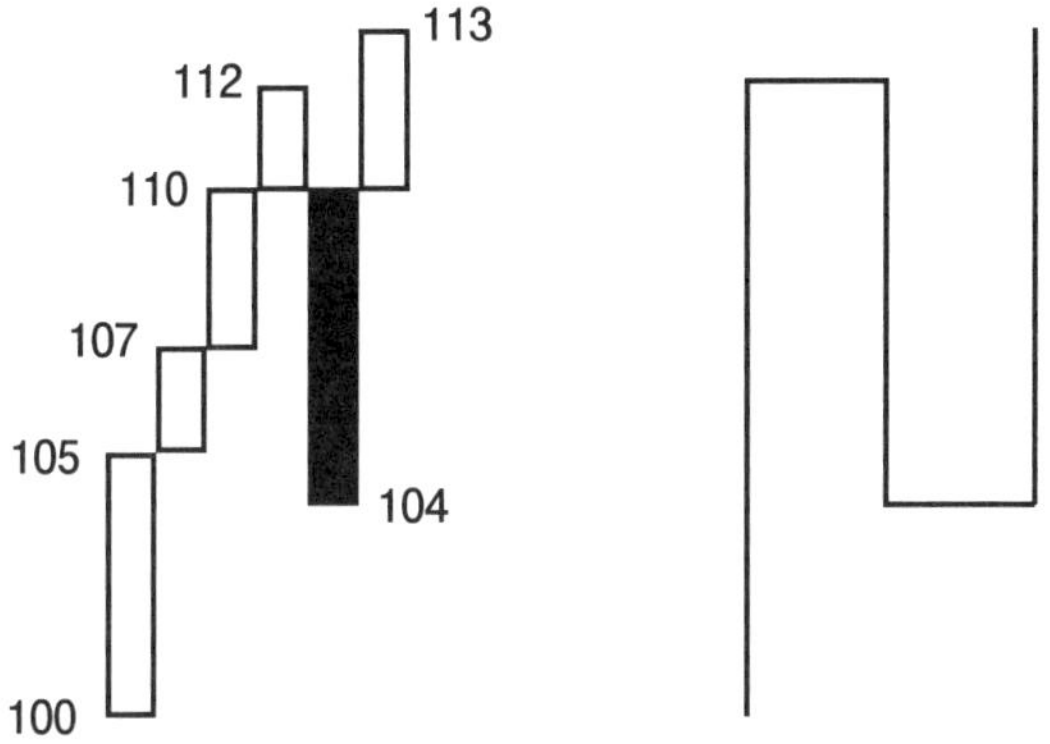

あるいはデッドクロスに至るまでの方向転換確認期間となります。いわゆるフィルターです。

ポイントアンドフィギア（Point & Figure）では、株価が上昇するときは×で、下落するときは○で描きます。これも×あるいは○が三つ揃わないと方向転換ができません。例えば、×○ひとつを10円幅にすれば、それまで×だったチャートが○を描いて方向転換するには21円以上の下落を必要とします。

この21円は新値足やかぎ足の３本分に相当するフィルターです。しかし、新値足やかぎ足の厚いフィルターに

図5-13　ポイントアンドフィギュア

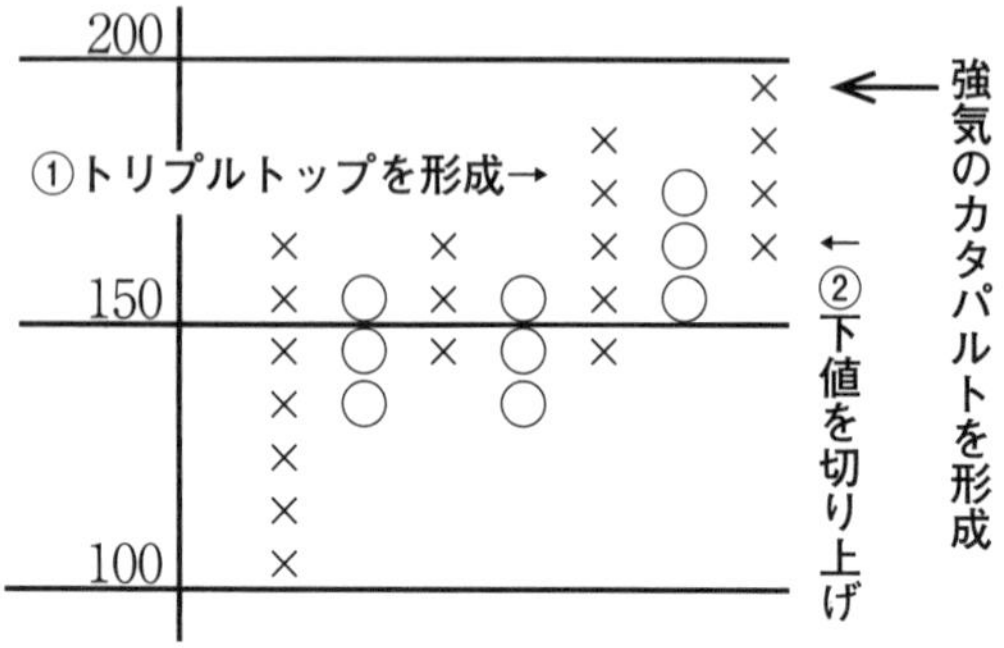

ポイントアンドフィギュアの具体的な売買テクニックについては『最強のポイントアンドフィギュア分析』（パンローリング刊）を参照してほしい。

比べると、はるかに薄く、頻繁に方向転換を繰り返します。したがって、ポイントアンドフィギュアでは方向転換だけでは売り買いのサインに結びつけず、前の高値や安値を抜いたときに、それぞれ買いサインや売りサインとして表します。

言葉では「強気のカタパルト」などの表現を用いますが、意味するところは、前の高値や安値を抜いたときに動けということです（**図5―13**）。

9.「素」のチャートとテクニカル指標の使い分け

いかがですか？　テクニカル指標は便利ですよね。

テクニカル指標とは、私たちが「素」のチャートで見ているものと同じものを見方を変えて提示するものと言ってよいでしょう。一見複雑に見えます。しかし、その意図するところは、むしろ売り買いのサインや、買われ過ぎ、売られ過ぎを示すための単純化です。そのために、終値や高値・安値、過去何日間といったようなものが強調され、同時にそのほかのものが捨てられます。

したがって、ローソク足やバーチャートと併用しなければ、情報量はむしろ減ってしまいます。「分かりやすく見せる」ということは、「分かりにくいものを見えなくしている」という意味でもあるのです。したがって、慣れている人には「素」のチャートに勝るものはない、ということになります。

「素」のチャートとテクニカル指標を対比する癖をつけておけば、株価の変動がテクニカル指標ではどのように表現されるかが推測できるようになってきます。ここで、株価の動きがどのようにテクニカル指標に現れるかを簡単に整理しておきましょう。

かいつまんで述べると、株価が急激な動きを見せ、「素」のチャートの角度が立ってくると、まず短期の移動平均線がついてきます（例えば、３連騰でも25日線では1割以上を占めるので、急騰すると大きく上向いてきます）。一方、長期線はあまり動きません。

このことは、オシレーター系（終値や高値、安値、上げ幅・下げ幅の短長期移動平均線を使ったもの）のテクニカル指標に大きな変化を与えます。急騰の度合いでは、これだけで買われ過ぎを表示します。

そして、そこで価格がしばらく横這うと、長期線が近付くことによって、短長期移動平均線の乖離は縮まるので、オシレーター系の指標は買われ過ぎゾーンでお辞儀をはじめ、売りサインにつながるものも出てきます。

パラボリックも価格を後追いします。トレイリングストップなのですから当然ですね。

パラボリックでは、急騰した価格をゆっくりと追いかけます。そして、急騰後の価格が横這う時間が延びるにつれて、パラボリックは株価に接近してきます。

そこで少しでも下落を始めると、株価はパラボリックを下抜けします。これはロングからショートにドテンしろ、というサインです。

そして下抜けると、今度は株価の上にパラボリックが下向き加減で描かれるようになります。今度はパラボリックを上抜けするまではショートを維持しろ、というわけです。

株価が急騰すれば、ヒストリカル・ボラティリティも急騰するので、ボリンジャーバンドは大きく広がります。そして、外側のバンドは株価の高値には追いつかないまでも、株価について上昇します。

これを「バンドウォーク」と呼び、バンドに沿って株価が上がることを言います。ただし実際には、株価に沿ってバンドが後追いしています。ヒストリカル・ボラティリティなのですから当然ですね。

これらのテクニカル指標は何を言いたいのでしょう？　株価が急騰している間は、ついていくしかないのですが、勢いがなくなってきたなら、株価が下落していなくても要注意だということです。そして、それなりの日柄を経て、上に行けないようだと、下がるしかないのです。

この意味が分かりますか？　これこそ「投機の限界は時間だ」ということなのです。キャピタルゲインが主目的の投機では、買ったものは必ず売り戻します。また大きなポジションを抱えると、その分の金利負担が大きいので、勝負は早くつけたいのです。

新値足、かぎ足、ポイントアンドフィギュアなどは時間の概念を取り払っているのですから、「素」のチャートの左右をぎゅっと圧縮し、高値・安値だけを残せば、わざわざ描かなくてもだいたいの形は見えてきます。時間を取り去るということは、高値・安値を強調するということなのです。これらのチャートが伝えてくれるのは、高値・安値にはさまれたレンジ内では、エネルギーを蓄えていろ。そして、どちらかに抜けたなら、ついていけということです。

あえて時間を取り除くことの意味は、投資と投機とでは時間の扱いが違うからです。オシレーター系のテクニカル指標は、すべての市場参加者が投機筋であることを前提にしているかのような欠点を抱えています。逆に言えば、投機筋が参加者のほとんどを占める市場では、有効な指標だと言えるかもしれません。

二番天井や三尊《さんぞん》といったチャートの形状（フォーメーション）やエリオット波動、

フィボナッチなど、他にも面白いものがあります。これらはまさに「素」のチャートの見方を解説したものと言えるでしょう。

いかがですか？　テクニカル指標とは、さまざまに色分けされた文字で書かれた教科書に、さまざまな色ガラスを当てて読むようなものなのです。何かが強調されていると、なにやら新しい情報が増えたように思えます。しかし実のところは、ある情報を見せないことによって、他を強調しているだけです。

トレンドラインを含め、「素」のチャートが読みにくいときにテクニカル指標は便利です。しかし、けっして「素」のチャートを超えるものではありません。むしろ、バイアス（偏向）された情報を固定化して受け取ってしまう弊害すらあります。「テクニカル指標は当てにならない」と言う人は、このバイアスを真に受けているのだと思います。

「素」のチャートは、株価の動きを忠実に記録したものです。「素」のチャートに慣れれば、テクニカル指標は必ずしも必要ではなくなります。また、最終的には株価の動きだけで、「素」のチャートそのものも必要ではなくなります。

とはいえ、チャートが提示してくれている情報をすべて記憶しておくことは不可能です。不確実でもあります。また、親しみのない銘柄や他の金融商品だとお手上げです。その意味でチャートは便利なものなのです。

テクニカル指標が強調してくれるポイント、前の高値・安値、急激な値動き、これらに注意しながらも、基本は「相場の行きたい方向につけ」ということです。

第6章

値上がる株の見つけ方

1. 銘柄検索

他人任せの銘柄選択

銘柄選択で一番手間のかからないのが、他人に選んでもらうことです。例えば、インデックス運用では、誰かが選んだ（S&P社や日本経済新聞社の関係者などが選んだ）インデックスの銘柄をそのまま買うことになります。

他人任せでも、それなりに運用成績が上がっているかぎりにおいては、必ずしも否定することはできません。自分で銘柄選択の基準を持たない人には、それ以外の選択肢がないとも言えます。

個人ではインデックス投信を買うことがそれにあたります。インデックス運用は基本的に誰が行っても同じなわけですから、インデックスに余計な操作をせず、手数料が安く、面倒見の良い投信会社から買うとよいでしょう。

【オープンエンド型投資信託】 自由に換金できる投資信託のこと。換金は市場での順資産価値に基づく。

またアナリストの意見に従うというのも、他人に選んでもらうことに近いかもしれません。もちろん多くのアナリストの中から、あるいはあるアナリストが推奨する多くの銘柄の中から、いくつかを選択するわけですから、そこには何らかの判断基準が必要となります。しかし、大本の銘柄選択の判断基準を当のアナリストに委ねているわけです。

アナリストの選択基準は「勝ち馬に乗る」方式です。その時に一番勢いのある、当たっているアナリストにつくのが現実的でしょう。

個人では運用成績の際立った特色のある投信を買うことになります。これはインターネットの日経オンライン「ランキング」などの欄から、簡単に知ることができます。

証券会社のセールスの言うなりというのも、同じようなものと言えます。これも当たり続けているセールスについていることはラッキーなことです。ですから、否定される筋合いのものでもないでしょう。儲けるというのは大変なことですので、それはそれでよいと思います。

【クローズドエンド型投資信託】 発行者が発行証券を買い戻すことを保証していない投資信託。換金する場合は取引所などで市場価格に基づいて第三者に売却する。

自分で行う銘柄選択

しかし自分の力で運用したい。回を重ねるごとに上達したいと考えるのでしたら、自分自身で自分なりの根拠で銘柄を選ばなければなりません。それで、なおかつ儲けなければ話にならないのですから、それなりの手間隙を惜しむことはできません。本書はその手掛かりを与えるものです。あくまで手掛かりですから、自分で努力して選んでほしいと思います。

材料の手掛かりは本書の第2章にまとめています。例えば、ニュースのようなものを判断の材料に使うのでしたら、毎日、日本経済新聞などをチェックして、話題になっている会社、新商品を開発している会社を調べることになります。会社名が決まったら『会社四季報』（東洋経済新報社刊）と『日経会社情報』（日本経済新聞社刊）で基本的な事柄をチェックします。チャートも調べます。

それでもまだ引っ掛かる場合は、当の会社に問い合わせてバランスシートなどの資料を請求します。債券を発行している会社ならば、目論見書からも重要な情報を得られます。インターネットなども使えるでしょう。また、そういった情報公開に

【シャープレシオ】 ある投資リターンを得るためにどのくらいのリスクをとっているかを計測する指数。リターンの標準偏差をヒストリカルボラティリティで割ったもの。（次ページに続く）

対する姿勢も、判断基準の中に含めてよいかもしれません。

別の方法で銘柄を絞り込むのに「スクリーニング」という作業があります。例えば、高収益の会社を探したい場合は、1株益やROEの数字を高めに設定してスクリーニングをかけると、収益の高い順から銘柄が選び出されてきます。これで少なくとも、ある材料、ある指標において最も優れた銘柄を選び出すことができます。これもインターネットを使えば無料で簡単に行えます。

出来高に注目する

ここからが本章のポイントです。私は公に入手できるすべてのデータを使ってスクリーニングをかけてみました。スクリーニングの良いところは、条件さえ指定すれば東証1部、2部、新興市場など、すべての銘柄をコンピューターが調べてくれることです。

これは読者の方々にも自分でやってみることをお勧めします。とにかく企業収益などの材料をできるだけ多く、自分自身でスクリーニングしてみるのです。その結果として私が得たのは、収益と株価とは必ずしも一致しないということでした。

同期間に同程度の収益をあげているファンドや金融商品が存在した場合、ボラティリティの小さい（価格に大きな変動がない）ほうが優良なファンド、安全な金融商品とされる。通常は価格やレートの変化率の標準偏差の年間換算値で示される。（次ページに続く）

これは相場を知る人には当たり前のように聞こえるでしょう。しかし、実は相当深刻なことを意味しています。すなわち、ほとんどのアナリストの仕事は、企業業績を知るには役立っても、値上がり株を見つけるには役立たないということです。

私の個人的な友人のアナリストの方々には、ここで謝っておきます。私が得た結論は以上ですが、読者の方々は別の結論を導き出すかもしれませんので、悪しからず。

私がスクリーニングをした結果として、上昇、下落を問わず、株価と一番関係が深いのが出来高でした。２００２年に出した本書の初版で私は次のように書きました。

「出来高が急増している銘柄は、急騰する可能性が高いのです。急落している場合もありますが、これですらアク抜けの暗示となります。もちろん出来高を伴わずに急騰、急落する銘柄もありますが、これは流動性のなさを証明しているようなものですから、避けて通るのが無難でしょう」

その後、日本の株式市場は２００３年に大底となり、多くの銘柄が出来高を伴って、数倍、十数倍に値上がりました。その意味で、前著のタイミングは良かったと思います。

シャープレシオが１以上（リターンに比べてボラティリティの低いもの）が投資適格とされる。これはボラティリティをリスクとみなし「避ける」べきものとするもので、トレーダーの思考とは相容れない。

本書を執筆している２００６年夏現在も出来高は大きな意味を持っています。とはいえ、出来高急増が急騰に結びつく銘柄は大幅に減少してしまいました。今、多くの出来高急増でからんでくるのは、中期トレンドの反転です。

したがって、前著で指摘した「投げの場合を除いた出来高の急増から浮かび上がってくる銘柄の三つのパターン」である「スペック（仕手、材料株）」「ショートカバー」「底値固めからの本格反騰」は、相場付きの変化によって、次の三つのような表現に置き換えておきます。

「出来高の急増から浮かび上がってくる銘柄の三つのパターン」のひとつは初版と同様「スペック（仕手、材料株）」です。もうひとつは、ショートカバーと投げを意味する「パニック（狼狽買い、狼狽売り）」です。最後のひとつは「底値固めからの本格反騰と天井確認後の本格反落」です。

この変化の意味するところは、日本の株式市場の「底値を固め、反騰に転じる」時期は過ぎ去り、「上にも、下にも行ける」時期に入っていることを表しています。そして、まだバブルを迎えて売り場を探す時期には来ていないということです。

【債券の格付け】 債券（発行政府・企業などの債務証券）投資の安全性を判断する目安。トリプルA、ダブルA、シングルA、トリプルBまでが投資適格債で、以下はジャンク債と呼ばれる。

投資か、投機か

ここで私から読者の方々への助言ですが、チャートに親しんでもらいたいと思います。チャートを見ていると、そういった出来高をともなった急騰が、スペックによるものか、パニックによるものなのか、天底の確認なのかが分かるのです。

スペックやパニックならば、投機的な短期売買に徹するべきでしょう。一方、底値固めからの本格反騰を取りにゆくのは、中長期の投資ポジションだと言えます。天井確認後でも、空売りの場合はあくまで投機です。

第1章を思い出してください。スペックに手を出したり、パニックに便乗することは投機です。投機は時間当たりの損益が十分に大きく、集中力も要しますので、一度に持っている銘柄は、ひとつか二つに絞るのが賢明です。またタイミングがすべてですから、出入りに躊躇は禁物です。

損切りはあらかじめ小さめにレベルを設定し、どんな場合でも確実に守ってください。まだ持っていたいと途中で気が変わった場合でも、いつでも入り直せることを思い起こし、いったんは損切ることが鉄則です。

【債務の株式化】 デッド・エクイティー・スワップ。

利食いは勢いにまかせてできるだけ持っていたいのですが、長居は禁物です。上がっても上がらなくても、勢いのなくなる一定の時間が経過すればポジションを閉じることをお勧めします。

このとき儲かっている、儲かっていないなど、自分の損益はできるだけ忘れるようにしてください。自分の都合で相場を見るのは禁物です。

このような投機は勢いを取りに行くだけですから、勢いがなくなった時点で損益に関わらず、そのトレードは終わりです。ヒゲを取りにいくときは数分から数時間まで、中期トレンドの反転を取りにいくときは数日から数週間が目安となります。勢いは出来高にも暗示されますが、株価の伸びが鈍ってきたら要注意です。投機のポイントはひたすら値動きについて行くこと。ニュースや材料に決め打ちするのもよいのですが、思惑どおりに行かないときには即座に反応してください。

少し慣れてきたら、投機売買の真髄「山越えを待って売り、谷越えを待って買う」を思い出しましょう。

一方、本格反騰の前兆をとらえにいくときは投資勘定で行います。投資は資産の運用ですので、信用取引で行うことは考えないでください。投資する銘柄はスクリーニングで得た銘柄のなかから最も気に入ったチャートに絞り込みます。売り買いに

【デッド・エクイティー・スワップ】債務、株式交換の意味。債務の株式化。過剰債務・財政破綻状態にある企業の債務を株式化すること、もしくは債権者が債権による現物出資によって株式を取得すること。債務超過の状況を解消させ、償還が必要な有利子負債を削減させることを指す。

迷うような、難しいチャートに手を出す必要などありません。見ていてどうしても買いたくなるような銘柄のなかから絞り込んでいくのです。

私は内外の証券会社や銀行で、為替や債券の運用および運用のアドバイスを20年近く行ってきました。為替や債券では、本当に売り買いしたいチャートの形を待たなければなりません。ところが、そのような絶好のタイミングにあるチャートは、通常多くて1年に数回しか見つかりません。1年に数回しか取引をしないプロのディーラーなど、上司の目には怠けているとしか見えないでしょう。そこで仕方なく、難しいチャートの時でも無理にトレードを行うことになります。

その点、株式は数千というチャートのパターンを一挙に見ることができるのですから、根気よく探していけば良い銘柄が見つかります。見つかるまで探し続ければよいのです。買わない、買えないことを恐れないでください。根気も相場です。

一人で運用するなら、どんなに大きな資産を持っていても一度に保有している銘柄の数は、少しにとどめておいてください。そこにもっと買いたい銘柄が見つかれば、手持ちの銘柄のなかから最もパフォーマンスの悪いもの、あるいは先の見通しの悪いものを売り払います。アメリカの相場師列伝に残るような大物相場師の多くは、5銘柄から10銘柄の間だと言っています。

【増資＝ Capital Increase】 企業が株式の額面金額や発行済み株式数を増加させることなどで資本金を増やすこと。増資には資金調達のために行われる有償増資と、資金調達以外の目的で行われる株式分割がある。

投資勘定でも損切りは行います。損切り幅は投機勘定よりもかなり大きめですが、それでも10％を最大限と考えてよいでしょう。仮に6銘柄のうち3銘柄が損切りに引っ掛かっても30％の損失。あとの2銘柄がトントンでも、残りのひとつが30％以上も値上がりすれば損益はプラスになります。

もちろん株価には、ばらつきがあるわけですから、全くこのとおりにはいきません。しかし、購入時の株数を調整して、できるだけ1銘柄のリスクを統一します。上がる株は10％や30％などといったケチな上がり方はしません。うまくゆけば何倍にもなるのです。

もう一度整理しましょう。まず、出来高が急増している銘柄のチャートを調べ、本格反騰の兆しを見せている数銘柄でポートフォリオをつくります。このときに迷う銘柄があれば、ここで初めて企業業績や財務内容などのファンダメンタルズを考慮に入れます。

また、スペックかパニックの兆候をみせている銘柄のなかからひとつだけを選び（私はパニックのほうが好きです。パニックにはもちろん向かいます。つまり逆張りです）、投機的なトレーディングを行います。投機ではファンダメンタルズに引きずられるよりは、全く無視したほうがむしろ安全です。

【第三者割当増資】 縁故募集。業務提携の相手先や取引先など、発行会社と関係のある特定の者に新株引受権を与え、新株式を発行することを言う。業務提携先との関係を強化する場合や経営状態が悪く株価が低いため普通の増資ができない場合などに利用される。

カップ・アンド・ハンドル

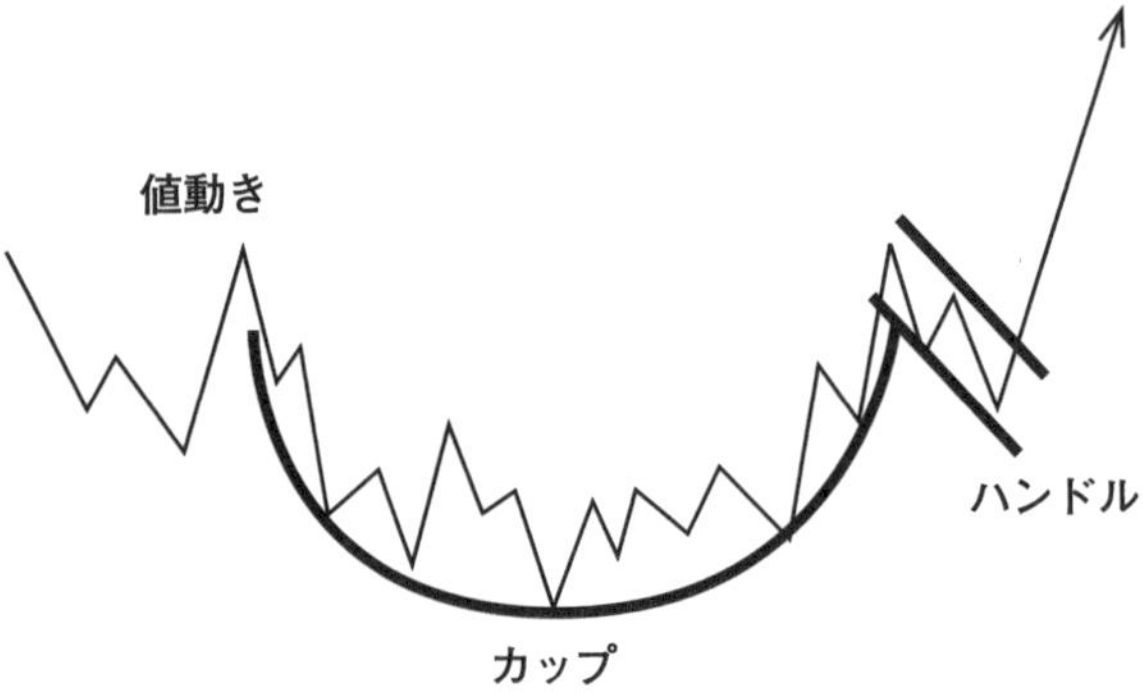

右肩下がりのハンドルがカップに比べて浅く短期に形成されるのは、前回の高値付近で仕掛け、含み損に耐えてきた買い手が、値を戻してきたことで手仕舞い売りをしてきたためである。しかし、売りが一巡すると（出来高の減少で確認）軽くなった相場は再び上昇へと転じることになる。一般的にカップの底が浅く長いU字型であるほど強気のシグナルになると言われる。

私はもっぱら「素」のチャートの「カップ・アンド・ハンドル」や「ヘッド・アンド・ショルダーズ」といった形状を見ます。前の高値、安値、ダブルトップ、ダブルボトムなどには、いつも注目しています。

この章で挙げた「スペック」「パニック」「天底の確認」といったところはチャートの形状で推し量れます。これから具体例で説明しましょう。

【デイオーダー】 その発注日に限り有効な注文。

2. チャート分析

スペック（仕手、材料株）の兆候を示すチャートの形状

スペック（仕手、材料株）の実例として、いくつかのチャートを引用します。いずれも出来高の急上昇とともに株価も急上昇するのですが、ほどなくして急落、あるいは徐々にではあっても、結局のところは買われた分のほとんどを売られてしまいます。

このような相場では、投資勘定で売り買いが必要な人ばかりでなく、上げ下げを見て自分も参加したくなった投機勘定が、株価の上げ下げを取りに行こうとします。この投機家がつくった部分の値幅は、いつかどこかで修正されます。買われた相場は売られ、売られた相場は買い戻されるのです（コメントはすべて２００６年8月23日現在）。

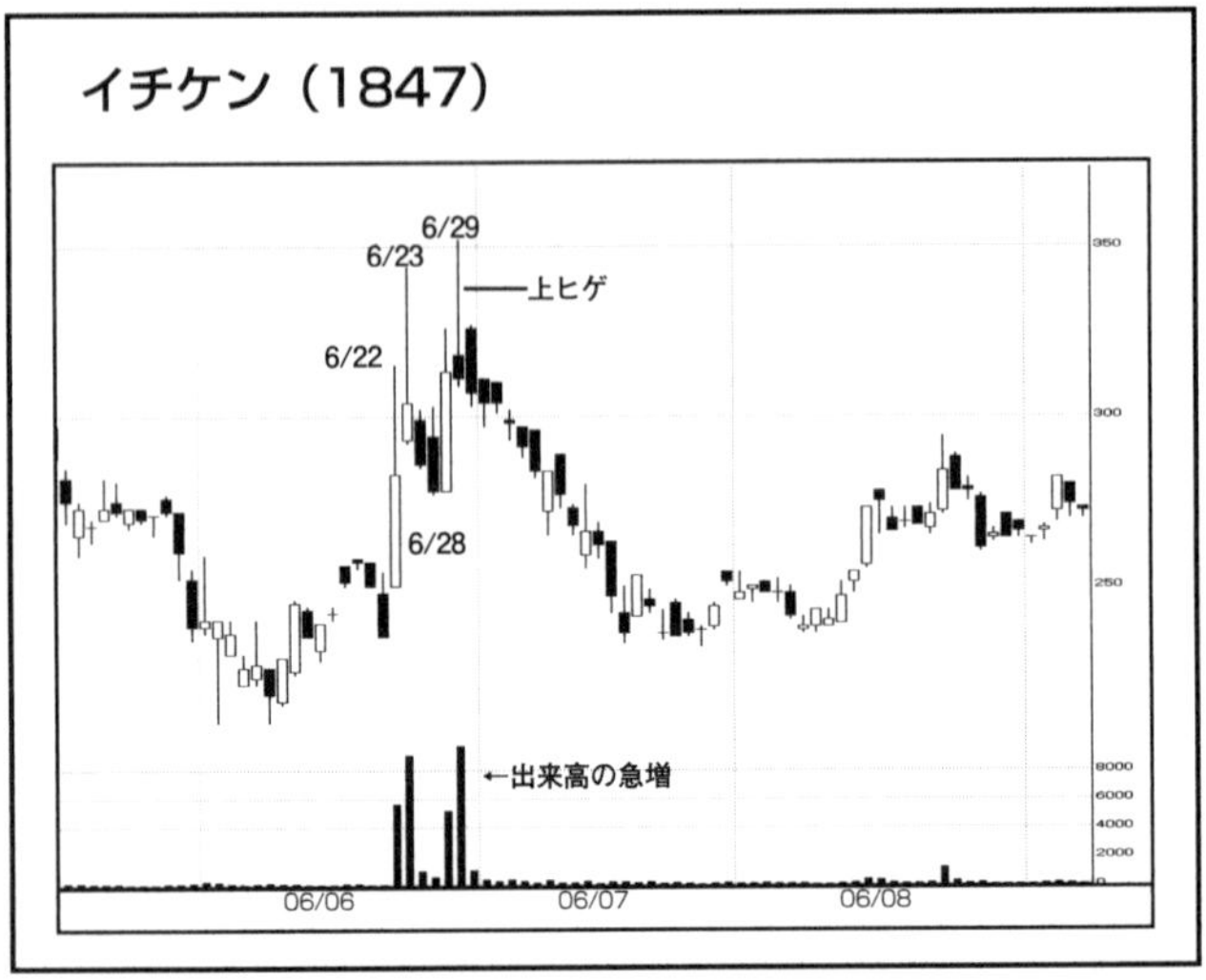

イチケン（1847）

２００６年６月22、23日の両日と、６月28、29日の両日の出来高が突出し、株価は戻り高値を狙いにいきます。しかし、いずれの日も長い上ヒゲができました。

上ヒゲとは高値を狙ってはみるものの かなわず、その日のうちに大きく下げてしまうものです。ことに一番出来高の多い29日の終値は、寄値よりも安く、陰線で引けています。これは買い手が息切れし、売り手に押し切られたことを現しています。この29日の売り手は、案外22日の買い手であったようなことも多いのです。

株価はその後１カ月ほどで、元の木

【ベンチマークプレーヤー】ベンチマークを基準にした運用者。絶対収益が低くてもベンチマークに勝てればよいとするファンドなど。

第一パン（2215）

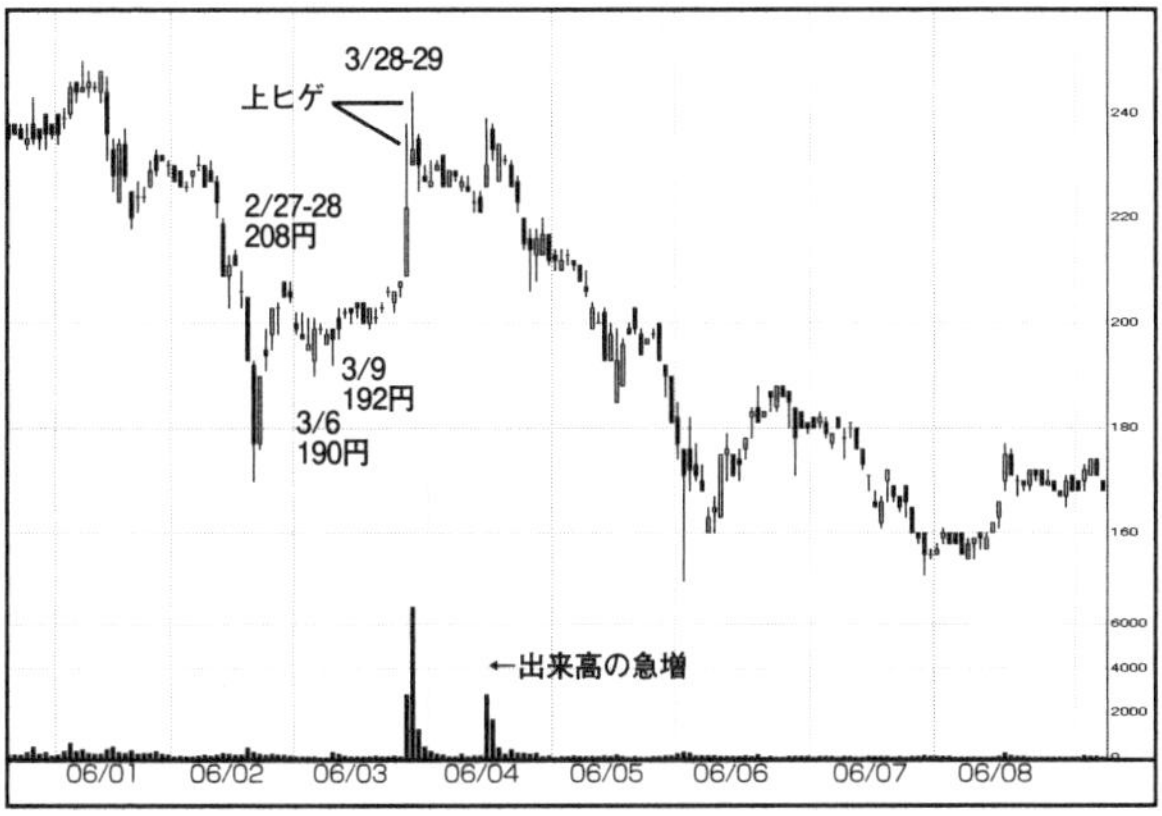

阿弥状態となります。

第一パン（２２１５）

２００６年2月27、28日に２０８円の戻り高値をつけた相場が、安値を１９０円、１９２円と切り上げ、戻り高値よりも高く（２０９円）寄り付いた3月28日に出来高を伴って急騰、翌29日にはさらに出来高を増やして続伸します。この両日ともに長い上ヒゲがありました。

　このような値動きは、前年後半に２４０円近辺で買っていた人が、売り場をつくるためにチャートの形をつくり、最後の余力で買いあげた感があります。しかし、売りたい人が無理矢理

【ヘッジファンド】レバレッジを用いてハイリターンを目指している投信。

買っているために、上値は重く、2週間ほど後にもう一度高値を狙いますが、買い手の力もここまで。後は、どこで見切るかだけの勝負となります。

紀州製紙（3882）

出来高の最初の山は前の高値323円を抜いた3月15日にきています。翌16日も大商いで株価はさらに上伸します。しかし、前日の引値よりも高く寄るが安く引けるという天井の暗示、いわゆる「かぶせの陰線」を描いてしまいます。

数日後、もう一度、高値343円を確認した後で、今度は押し目を確認にいきます。310円で3回止まり、4月7日に309円をつけるものの、この日は相場の転換を暗示する十字線（寄値と引値が同水準）が出ています。これが翌営業日にあたる4月10日の仕掛けの伏線となります。

4月10日は出来高のピーク、翌11日に高値を更新しますが、この日のローソク足も「かぶせの陰線」と見なせます。大きな山が二つ。2回目は出来高も株価も1回目を上回ったにもかかわらず、株価は上伸せずにかえって上値の重さを確認してしまいました。後は、まとまった投げが出るまで、じりじりと値を下げるだけです。

7月下旬になって、ようやく出来高を伴って株価が底値固めに入ってきました。

【セルサイド】証券会社。

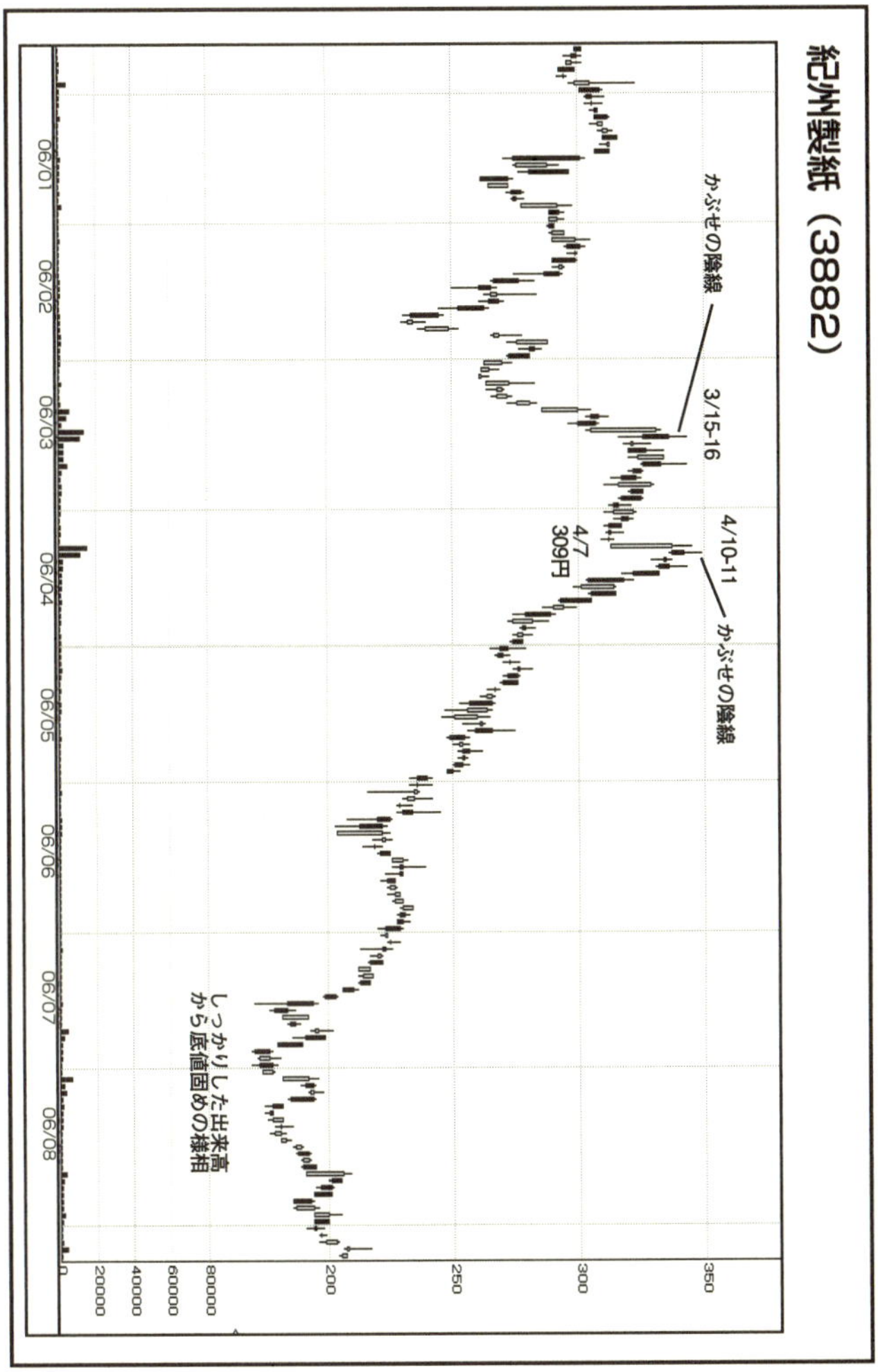
紀州製紙（3882）
かぶせの陰線
3/15-16
4/10-11
かぶせの陰線
4/7
309円
しっかりした出来高
から底値固めの様相
06/01
06/02
06/03
06/04
06/05
06/06
06/07
06/08
0
20000
40000
60000
80000
200
250
300
350

【バイサイド】投資家。

トーセ（4728）

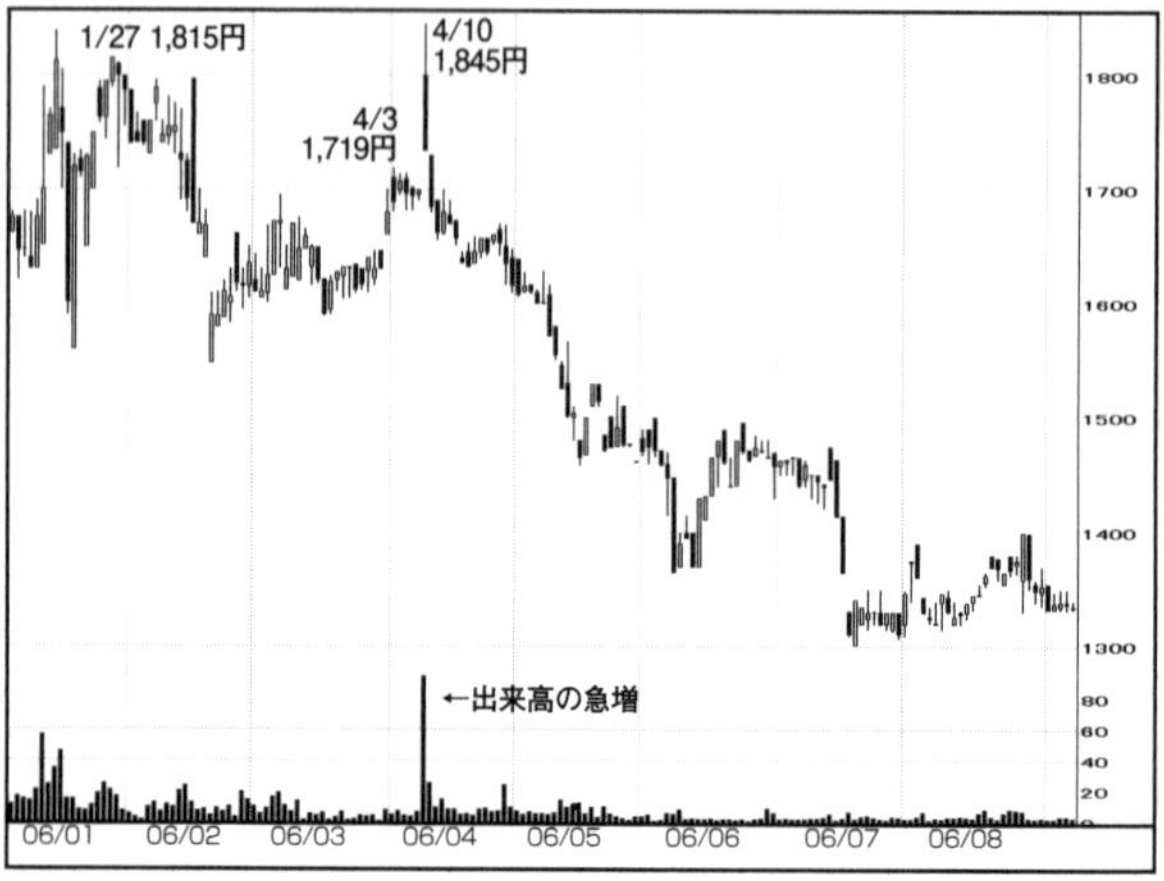

トーセ（4728）

切り返してきた株価が1719円の戻り高値を抜いた水準で、4月10日に窓開けの高寄りをしたことで、一気に前の高値1815円をも抜いて買い上げられました。とはいえ、上ヒゲの長い陰線で終え、妙な達成感と上値の重さだけを感じてしまいました。

後はだらだらと、まだ見切れていないまま下げ続けています。今後1300円を下抜けなければ、上の目が出てきます。

アイティフォー（4743）

4月6日の安値が前日の安値

【ネッティング】売買の決済に関し、個々の取引ごとに資金移動を伴う決済をするのではなく、複数の取引について売付数量と買付数量を相互に相殺（差し引き計算）し、その差額だけを受け渡す決済。差金決済。

アイティフォー（4743）

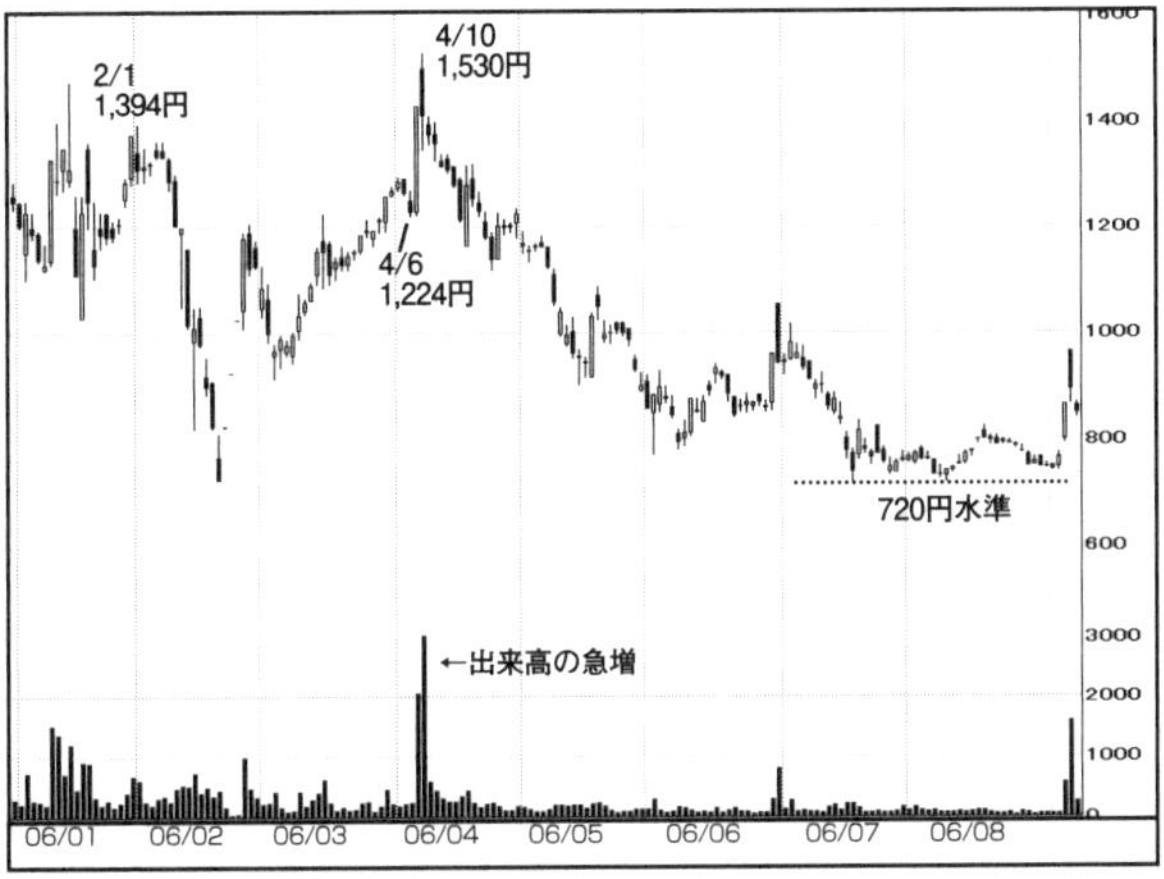

１２２１円に届かなかったことから押しはここまでと決め付けて、高値を抜きにいっています。

その日は前の高値１３９４円を抜いて引け、翌日はさらに大商いで高値を取ったものの、これも「かぶせの陰線」となりました。後はだらだらと、これもまだ見切れていないまま下げ続けています。

もう一度下値を狙って、７２０円を抜けずに商いがついてきたなら、反転の目が出てくるでしょう。

スペックはチャートをつくります。このような動きにファンダメンタルズを持ち出して歯向かっても勝

【ネットの円買い／ネットのドル買い】 為替市場での円やドルの売り買いを相殺した後の差額の円買い／ドル買い

ち目はありません。

投機勘定の力強さ、恐さは、信用の創造が続くかぎり、いくらでもポジションを大きくできるところからきています。あたかも勝ち続けているかぎり、ポジションは膨らみ続けるかのような勢いがあります。したがって買いも売りも、流れにつくことだけを考える必要があるのです。

損切り幅も、ダマシやブレに惑わされないようにしながらも、小さければ小さいほど大きな利益が確保できます。

パニックの兆候を示すチャートの形状

次のいくつかのチャートはパニックの実例です。上げや下げが長引くと、どうしても逆張りの手は引っ込み、順張りばかりがポジションを膨らませることになります。だからこそ、はっきりとしたトレンドを描くのだとも言えます。

パニックはトレンドに逆らい辛抱していた人が、たまらずにポジションを閉じるところから起こります。そして彼らがそのトレンドの最後の買い手、あるいは売り手となるのです。その時、出来高が大きければ、そのままトレンドが反転するケー

【VWAP = Volume Weighted Average Price】出来高加重平均価格。当日の取引所で成立した価格を価格ごとの出来高で加重平均した価格。

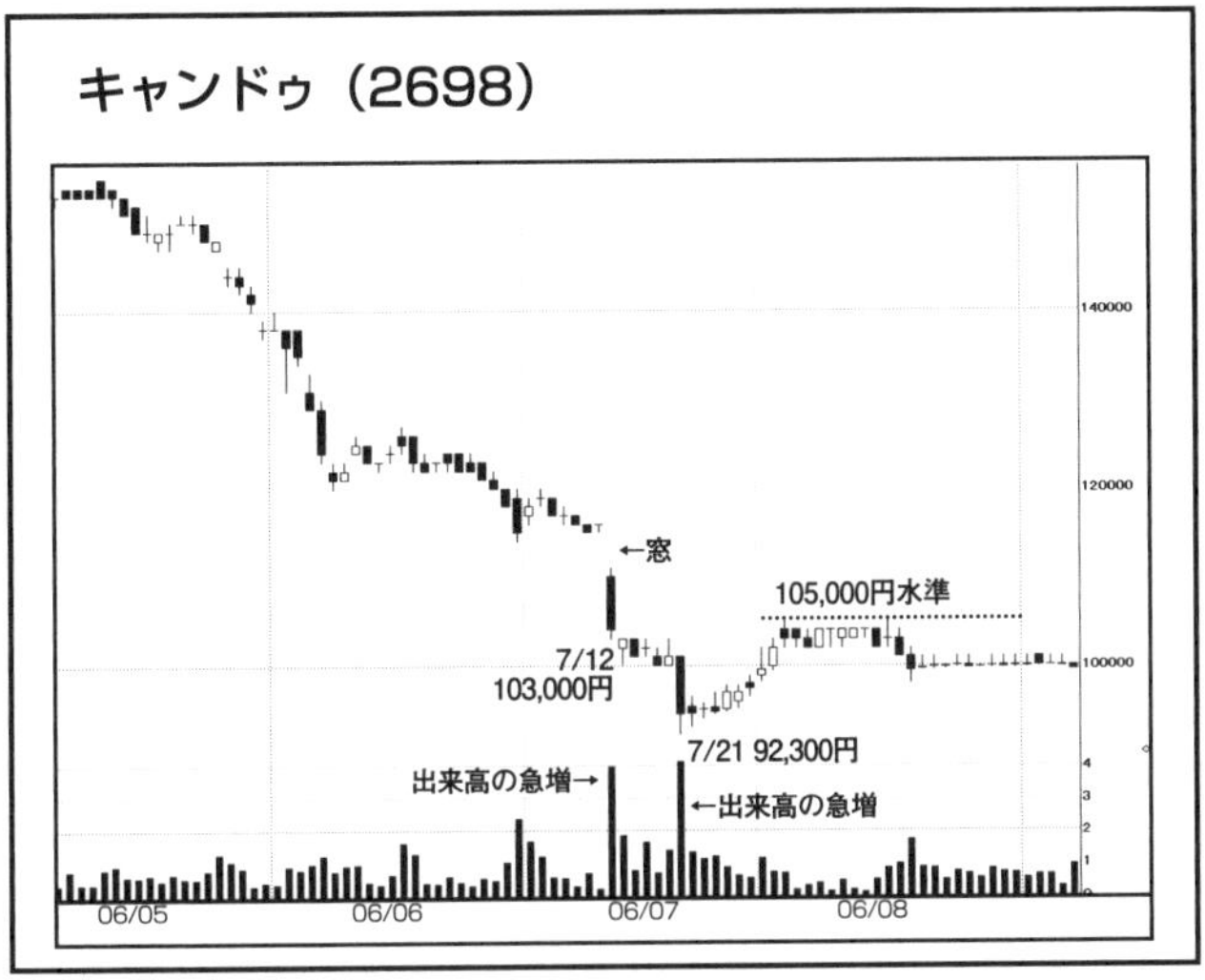

スが多くあります（コメントはすべて２００６年８月23日現在）。

キャンドゥ（２６９８）

７月12日は窓開けで安寄りしたために狼狽売りが出ました。また21日はそれまで３回保っていた10万円の大台が抜かれたために狼狽売りが出ています。どちらの出来高も突出しています。

この相場は10万５０００円が重いため、もう一度下値の確認がほしいところです。しかし、安値の更新がなければ大きく反転する目が出てきています。

テイクアンドギヴ・ニーズ（4331）

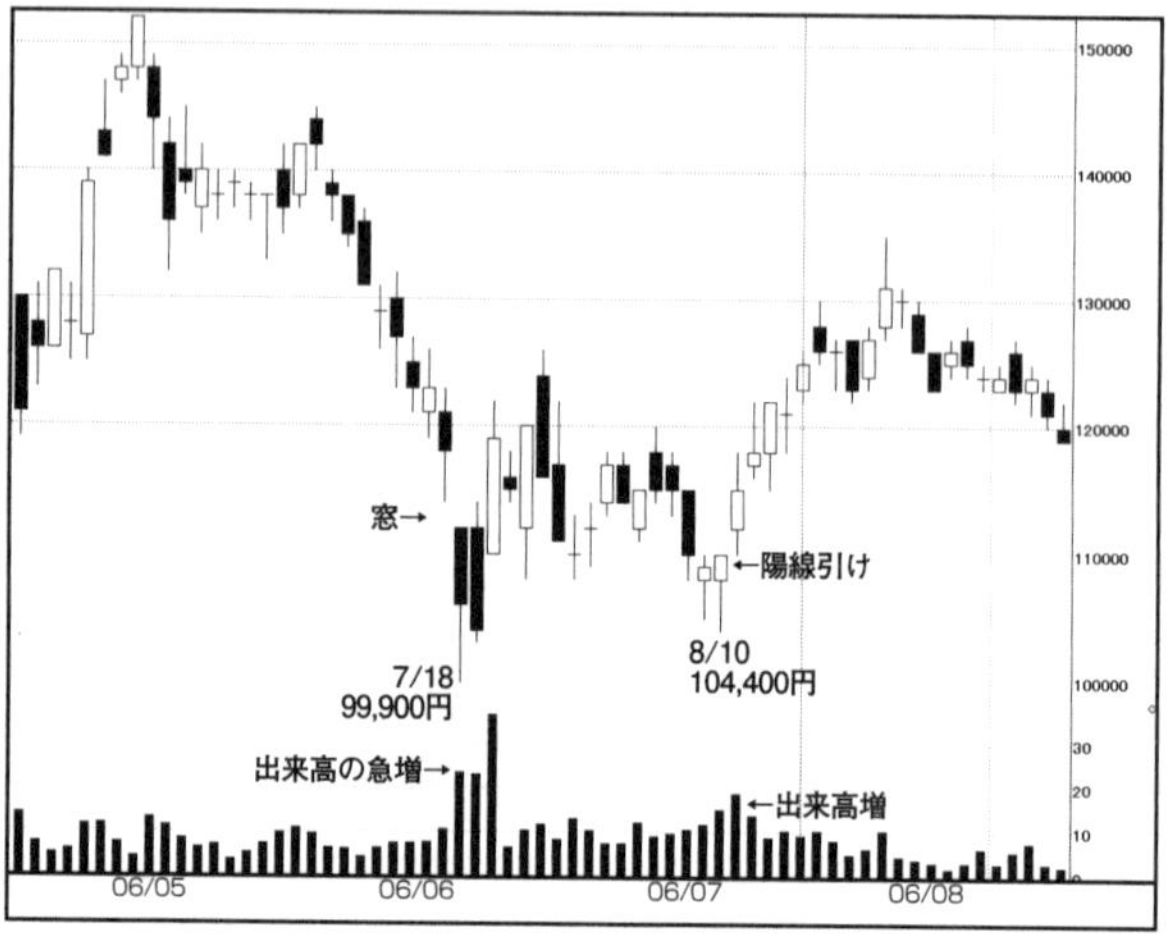

テイクアンドギヴ・ニーズ（4331）

底割れ水準で、7月18日に窓開けで安寄りしたことが狼狽売りにつながりました。その日は陰線ですが、長めの下ヒゲが出ています。

翌日から戻り高値、安値を確認にいき、3回保っていた10万8000円を下抜けした8月9日、10日の両日にもう一度、狼狽売りが出ました。しかし、両日ともに下ヒゲのある陽線です。売りの出尽くしを感じさせます。これも、このまま上げる目が出てきました。

【初値＝The Opening Price After Listing】 証券取引所に新規上場した銘柄が上場して最初についた（売買が成立した）値段。

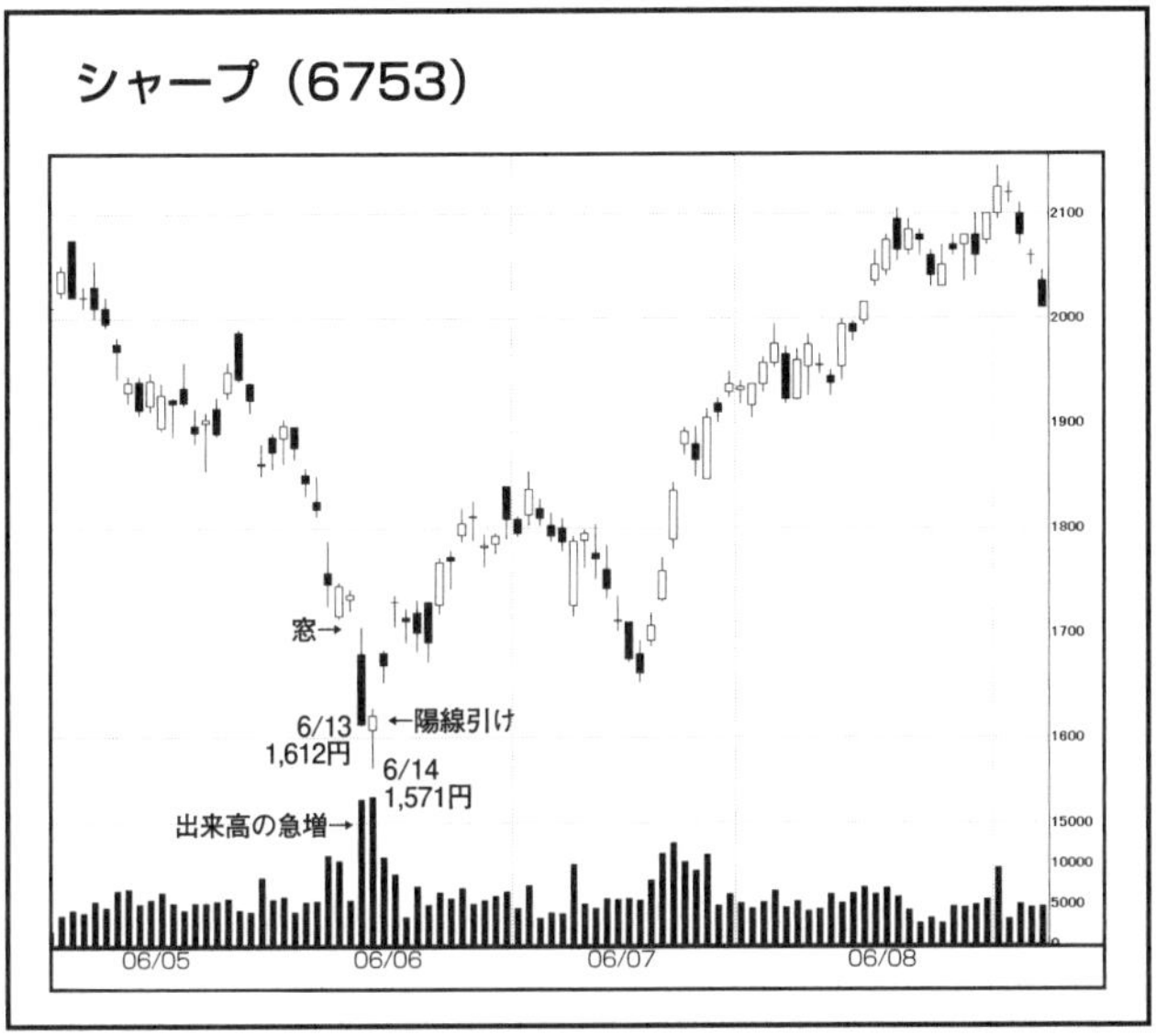

シャープ（6753）

6月13日に、前の安値を抜けた水準で窓を明けて安寄りしたことが狼狽売りにつながりました。その日は安値引けとなっています。

翌14日は安値を更新したことで、もう一段の投げが出ています。とはいえ、その日は大商いのなか、下ヒゲの長い陽線で終えることができました。

ここに至って売り尽くし、後は反転に向かっています。

シチズン（7762）

窓開けの安寄りが8月10日の狼狽売りを誘いました。とはいえ、

シチズン（7762）

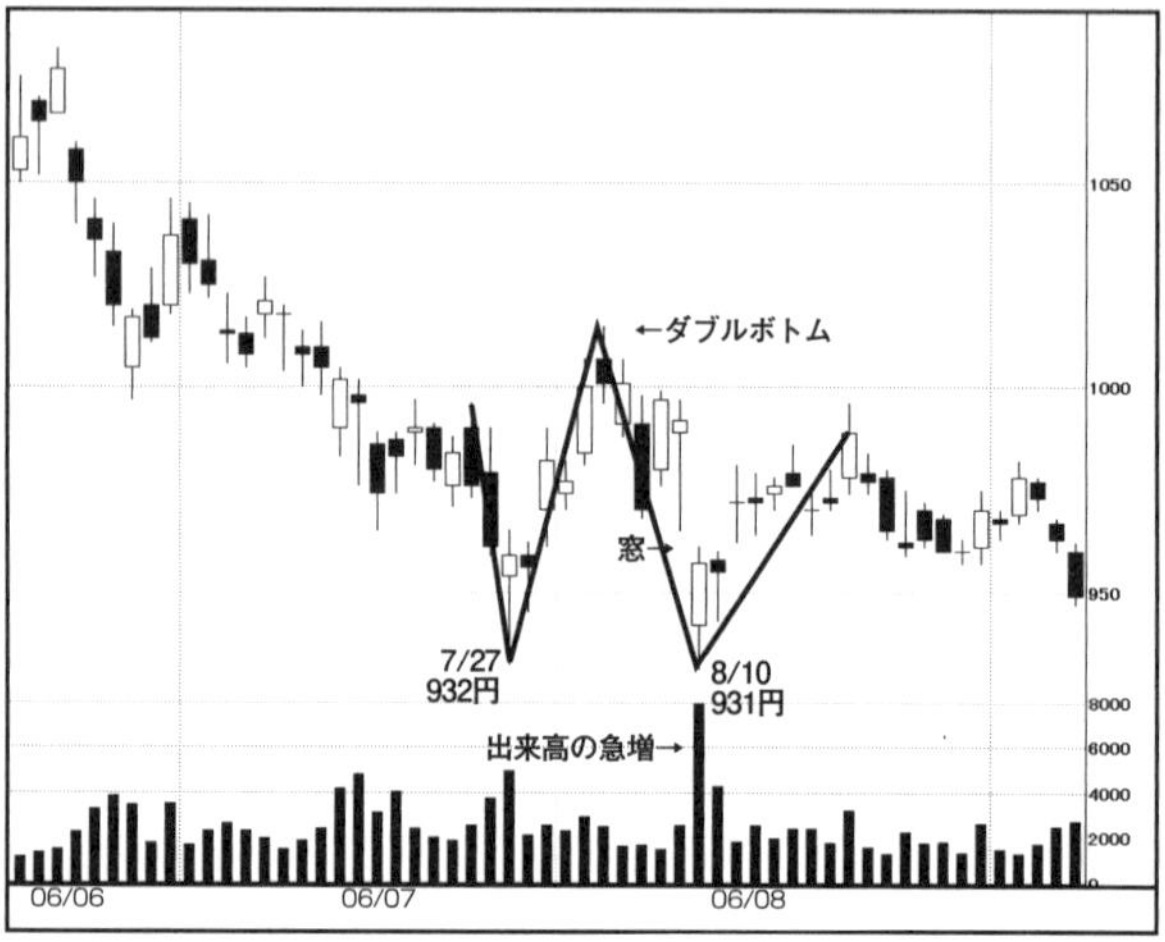

前の安値932円レベルには明らかな買い手がいて、大量の売りをのみ込んでその日の高値で引けました。結果はダブルボトム、反転が狙えるところとなりました。

ヨークベニマル（8188）

4月12日に狼狽買いがあり、6月9日に狼狽売りがでました。一人で両方やった人がいるかも知れません。

両方ともに、いったん買い尽くし、いったん売り尽くしました。そこから中期トレンドが変わります。6月9日以降は底値切り上がりの上昇トレンドに入りました。

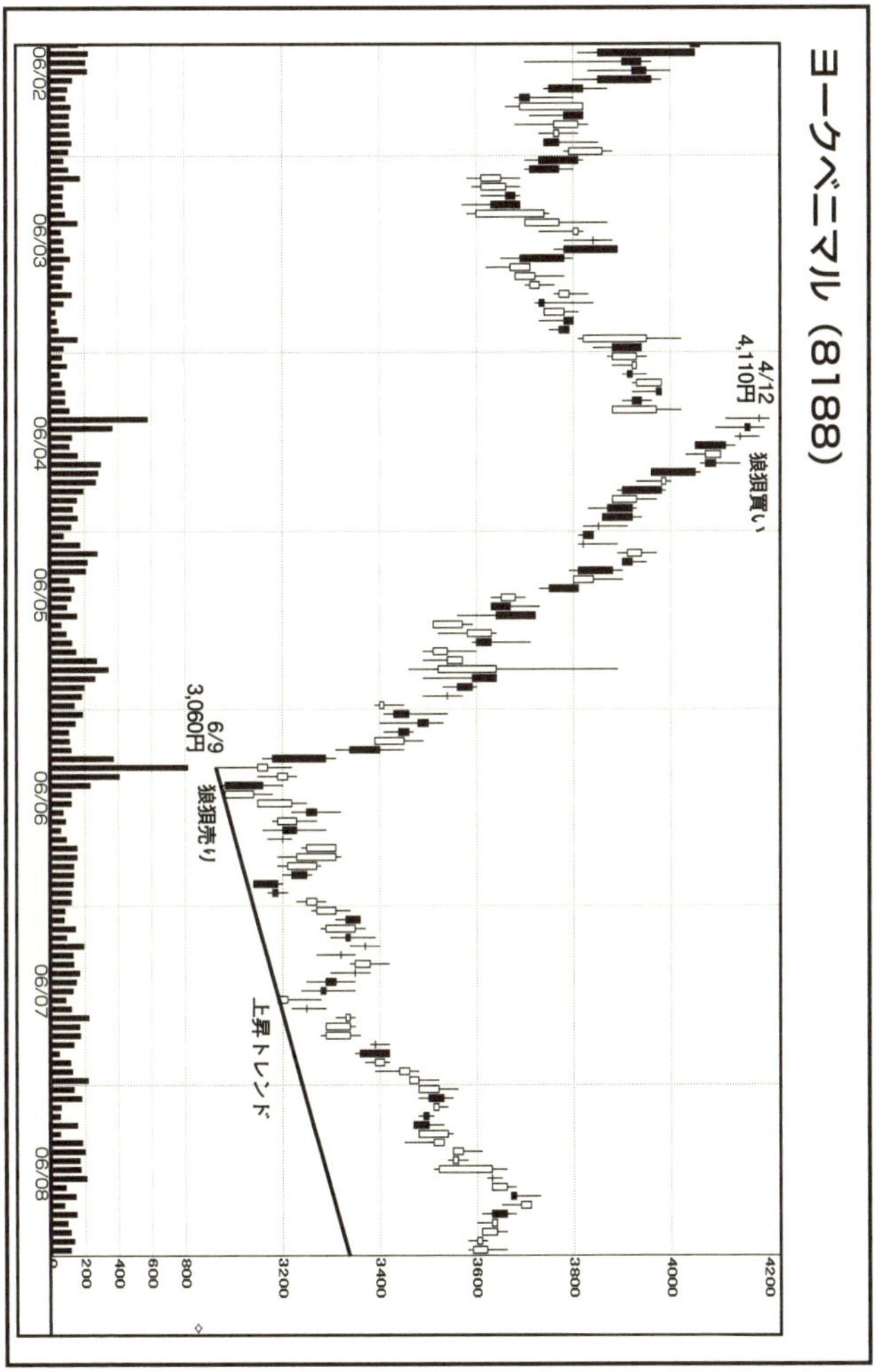
ヨークベニマル（8188）
4/12
4,110円
狼狽買い
6/9
3,060円
狼狽売り
上昇トレンド
06/02
06/03
06/04
06/05
06/06
06/07
06/08
200
400
600
800
3200
3400
3600
3800
4000
4200

ゼファー（8882）

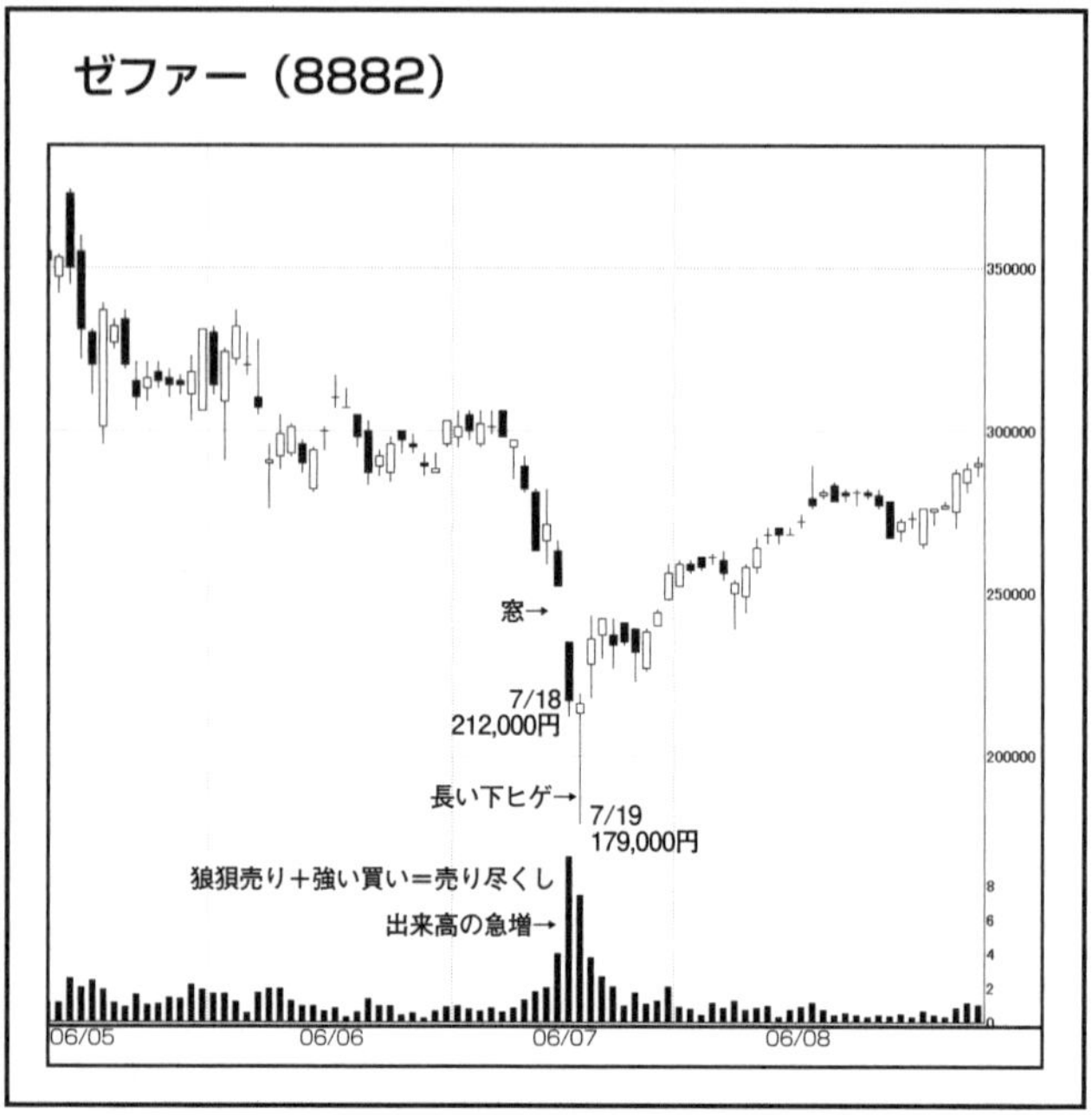

ゼファー（8882）

7月18日も窓開けの安寄りが狼狽売りを引き出しています。翌19日も18日の安値を抜いたために、もう一段の狼狽売りがでました。しかし、このレベルでは買いも強く、また2日間で売り尽くしていたこともあり、株価は長い下ヒゲをつけて切り返しています。

中期トレンドは反転し、下値が切り上がる展開となりました。

近畿日本鉄道（9041）

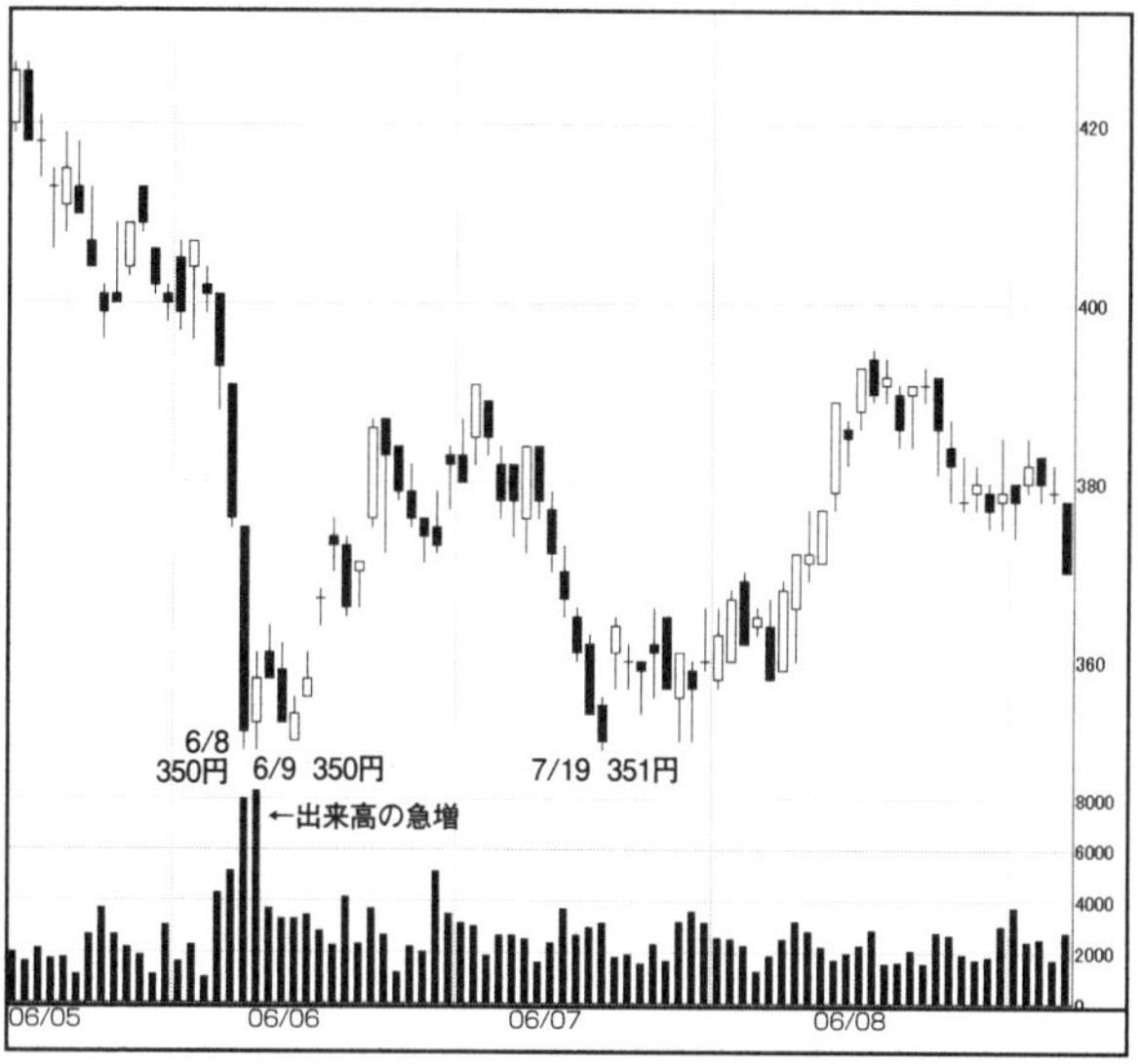

近畿日本鉄道（９０４１）

　ここでも６月８日、９日と連日で投げが出ましたが、安値３５０円を切ることができません。その後も３５０円を１回、３５１円を３回試しますが、結果として底値を固めてしまいました。

住友倉庫（９３０３）

　６月２日の窓開けの安寄りが、狼狽売りを誘いました。しかし、下値での買いは厚く、その日のうちに株価は大きく戻します。そし

住友倉庫（9303）

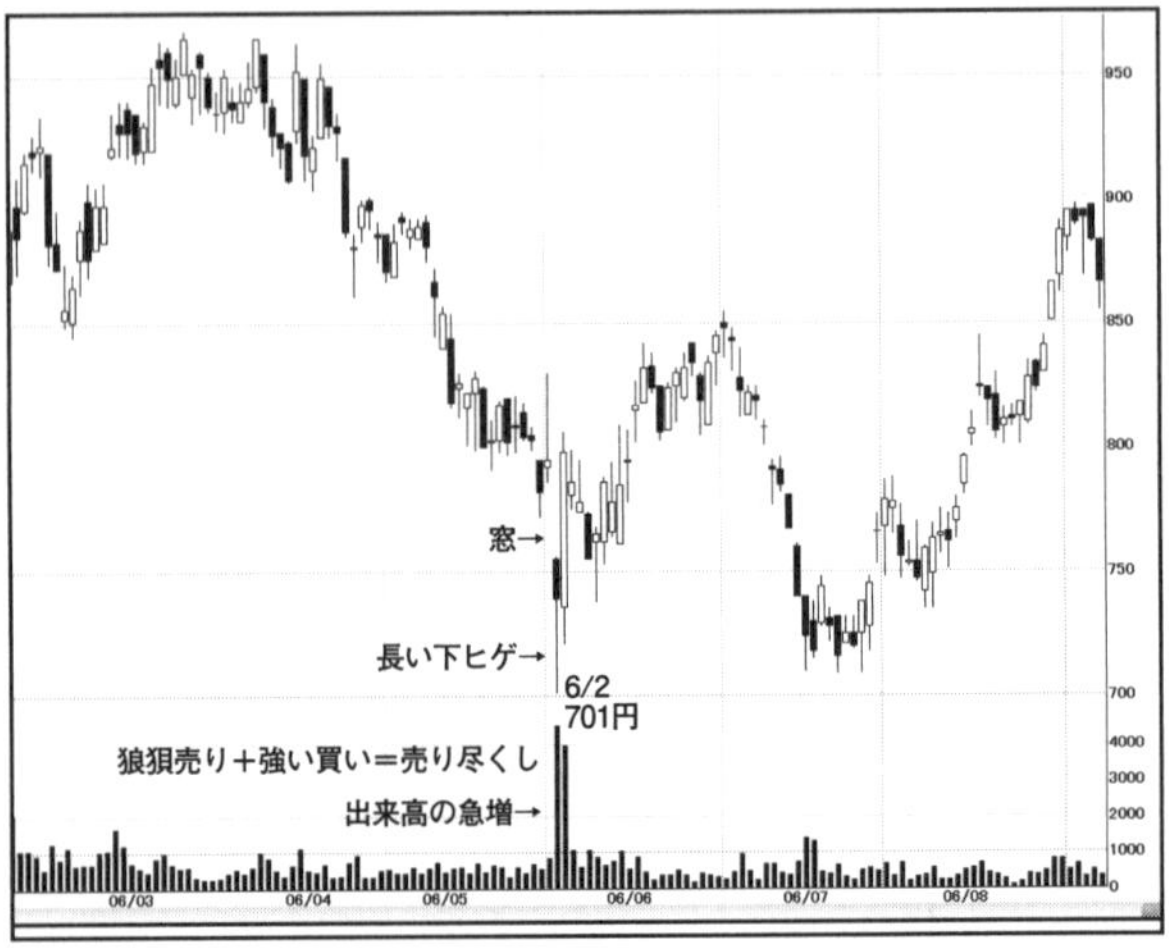

て、翌営業日の５日には早くも大陽線がでます。おそらく、この陽線が早く出過ぎたために、相場はもう一度下値を試しに行くのでしょう。７１０円、７０９円、７０９円と3回止まって、ようやく戻り高値を試しにいきます。しかし、どうにも先走りの売り買いが感じられるチャートです。まだアク抜けが感じられません。

どれも窓開けの安寄りが、狼狽売りのポイントだと分かったと思います。そして出来高を伴った長いヒゲが中期トレンドを変えるのです。

天底確認を暗示するチャートの形状

相場の大底では２７２ページでご紹介した「カップ・アンド・ハンドル」や「逆三尊」、「二番底＝ダブルボトム」といった形状がよく見られます。ことに「カップ・アンド・ハンドル」のカップの部分が平たく長引いているときは、十分に下値を確認済みだと解釈できます。また天井では、その形状が逆になったものがよく見られます。

相場付きの変化とは恐いものです。この改訂版では、東証１部の銘柄で天底確認の時期にきているチャートを提示することができません。このことは、大底をつけた相場が反転し、いまだ天井には届いていないことを暗示しています。すなわち、２００６年秋の時点での日本株市場は、上昇トレンドにいることを示しています。

いずれにせよ、中長期のトレンドを取りにいく場合ですら、逆に行けば損切ります。買いコストの10％を失ったなら有無を言わず損切るのが鉄則です。「バイ・アンド・ホールド」なのだと、買いに入ったときの動機を忠実に守って、上がると信念を持っていれば上がるというものではありません。

【逆三尊＝ Inverse Head And Shoulders】ヘッド・アンド・ショルダーズ（三尊）を逆にしたもの

玉砕戦法とは生き残るための戦法ではなく、いかに死ぬか（軍師や参謀にとっては兵をいかに死なせるか）の戦法です。相場で生き残るには、資産を守るには、損切りしかありません。

勝負は利食いでつく

投機勘定か投資勘定かの区別をしっかりと決めて、これと思われる銘柄を買いました。にもかかわらず株価が下落すれば、買いコストの10％を許容できる最大限の損失として損切りします。では思惑どおりに株価が上昇すればどうしましょうか？

原則的には利食いも損切りと同じで、株価が思惑と違う方向に動き始めたら、つまり下げ始めたら売ってしまいます。とはいえ、チャートを検証すればよく分かりますが、どんな大相場でも10％の調整など調整にすら入りません。フィボナッチでは小さな調整が38・2％、普通の調整で半値、本格調整だと61・8％となっています。ここで辛抱できなければ大相場は取れないと言う人もいるでしょう。

投機、投資を問わず、相場で最も効率的に収益を上げるには、谷越えを待って買い、山越えを待って売ることにつきます。テクニカル分析のところで触れた「フィルター」とは、越えたことを確認するものなのです。

とはいえ、その確認には「素」のチャートすら必要ではありません。一方向にきた相場が折り返して、前の安値、高値を抜けなければ、谷を越えた、山を越えたということです。越えたと思ったら次の山があったというのは、現実の山歩きでも、実際の緑の山にもあることです。そうであれば、もう一度、山越えを待つだけなのです。

フィボナッチの調整まで持っていてはいけません。全部利食うのが嫌ならば、半分だけでも利食います。半分利食うだけでも、次の手が自由に繰り出せるのです。

あとがき——踏み出すところからすべては始まる

いかがですか？　これまでぼんやりと見てきた相場が、何となく筋道だって見えてきませんか？　新聞などの市場動向を伝える記事も、より深く理解できるようになったと思います。市場の動きが理解できただけでなく、リスク管理についても基本的なところは理解してもらえたと思います。

後は実際に自分でポジションを持っての応用だけです。どんなに頭で理解していても、実際に投資を始めなければ話になりません。

私たちのうちで、自分の意志で産まれてきた人は誰一人いません。物心がついたころから、なんとなく学校に行き始め、進学し、就職し、皆と同じようにしてきたという人がほとんどでしょう。中退や転職や創業の経験もなければ、何を自分の意志で決めてきたのでしょうか？

バスの後部座席に坐って、この運転手の運転は荒い、状況判断も悪い、俺ならこうするなどと思いながら、走るコースも目的地も、すべて運転手に任せている。その運転手が自分の命を預けるほど信頼できる人ではない、どこにつれて行かれるか分からないと思っていながら、すべてを運転手に任せている……。

自分でハンドルを握るのが、それほど恐いものなのでしょうか？　自分の意志で生きることは、そんなに大きなリスクでしょうか？

相場の面白さは、自分の意志、判断で行えるところにあります。マイクロソフト社のビル・ゲイツに次ぐ、世界第二の大富豪がウォーレン・バフェットという投資家であるように、リスクに見合ったリターンも得られます。自分の人生を自分で切り開く、リスクとリターンとがあるのです。

私は「一度きりの人生なのだから、一か八かやってみろ」と言っているのではありません。誰しも社会を構成する一員としての責任も背負っているわけですから、自分の失敗に人を巻き込むことは避けるべきでしょう。自分の周りの人の「一度きりの人生」を辛く苦しいものにする権利などありません。

やるからには備え、準備が必要なのです。

後悔を少なくするには、備えを多くするしかありません。できるかぎりの場面を想定して、対処の仕方をあらかじめ考えておきます。知識は大きな助けになります。ただし、最後に頼れるのは、自分のハートだけ。踏み出す意欲がなければ、何もできません。一歩踏み出せば、違う世界が見えてくるものです。

皆様の幸運をお祈りします。

【著者紹介】

矢口 新（やぐち・あらた）

豪州メルボルン大学卒。日米欧の大手金融機関の為替・債券のディーラー、機関投資家セールスとして東京、ロンドン、ニューヨークの三大市場に勤める。現在、株式会社ディーラーズ・ウェブの社長兼ファンド・マネジャーとして、資本金を株式市場などで運用。主な著書に『生き残りのディーリング』（東洋経済新報社）『生き残りのディーリング　決定版』『矢口新の相場力アップドリル　為替編』『矢口新の相場力アップドリル　株式編』（パンローリング）『株を極める！ リスク管理・資金運用 プロのノウハウ』（日本実業出版社）がある。

http://www.j-ti.com/
http://www.geocities.com/dealers_web/
http://money.mag2.com/invest/tradesense/
dealersweb@infoseek.jp

2006年 11 月 3 日 初版第 1 刷発行
2007年 3 月 2 日 初版第 2 刷発行

現代の錬金術師シリーズ

なぜ株価《かぶか》は値上《ねあ》がるのか?
——相場のプロが教える「利食いと損切りの極意」

著　者　　矢口 新
発行者　　後藤康徳
発行所　　パンローリング株式会社
〒 160-0023　東京都新宿区西新宿 7-9-18-6F
TEL 03-5386-7391　FAX 03-5386-7393
http://www.panrolling.com/
E-mail　info@panrolling.com
装　丁　　パンローリング装丁室
印刷・製本　株式会社シナノ

ISBN 978-4-7759-9031-5

落丁・乱丁本はお取り替えします。

また、本書の全部、または一部を複写・複製・転訳載、および磁気・光記録媒体に入力することなどは、著作権法上の例外を除き禁じられています。

©Arata Yaguchi 2006　Printed in Japan

【免責事項】

本書で紹介している方法や技術、指標が利益を生む、あるいは損失につながることは仮定してはなりません。過去の結果は必ずしも将来の結果を示すものではなく本書の教育的な目的のみで用いられるものです。

相場のプロたちからも高い評価を受ける矢口新の本！

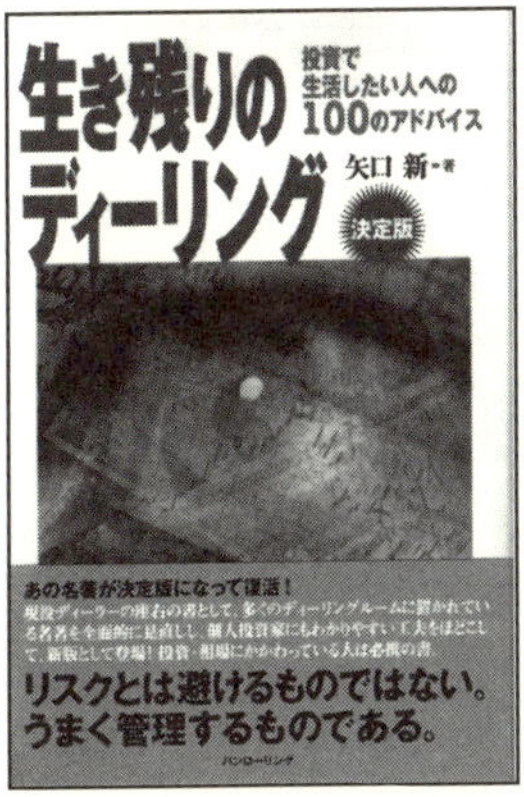

生き残りのディーリング 決定版

著者：矢口新

定価 本体 2,800円＋税　ISBN:9784939103322

【相場にかかわるすべての人に読んでほしい】
1990年の初版以来「現役ディーラー座右の書」として多くの金融機関のディーリングルームに置かれてきた名著が「決定版」となって復活！ 新版は内容が全面的に見直され、個人投資家にも分かりやすく読めるように工夫されている。相場で生き残っていくための知恵を網羅した投資家必読の書。

なぜ株価は値上がるのか？ 相場のプロが教える「利食いと損切りの極意」

著者：矢口新

定価 本体 2,800 円＋税　ISBN:9784775990315

【矢口氏の相場哲学が分かる！】
実践者が書いた「実用的」な株式投資・トレードの教科書。マーケットの真の力学を解き明かし、具体的な「生き残りの銘柄スクリーニング術」を指南する。ファンダメンタル分析にもテクニカル分析にも、短期売買にも長期投資にも、リスク管理にも資金管理にも、強力な論理的裏付けを提供。

矢口新の 相場力アップドリル［株式編］

著者：矢口新
定価 本体 1,800 円＋税　ISBN:9784775990131

相場の仕組みを明確に理解するうえで最も大事な「実需と仮需」。この株価変動の本質を54の設問を通して徹底的に理解する。本書で得た知識は、自分で材料を判断し、相場観を組み立て、実際に売買するときに役立つだろう。

矢口新の 相場力アップドリル［為替編］

著者：矢口新
定価 本体 1,500 円＋税　ISBN:9784775990124

「アメリカの連銀議長が金利上げを示唆したとします。このことをきっかけに相場はどう動くと思いますか？」──この質問に答えられるかで、その人の相場に関する基礎的な理解が分かる。本書を読み込んで相場力をUPさせよう。

マンガ 生き残りの株入門の入門 あなたは投資家？ 投機家？

原作：矢口新　作画：てらおかみちお
定価 本体 1,800 円＋税　ISBN:9784775930274

タイトルの「入門の入門」は「いろはレベル」ということではない。最初から相場の本質を知るべきだという意味である。図からイメージすることで、矢口氏の相場哲学について、理解がさらに深まるはずだ。

日本のウィザードが語る株式トレードの奥義

生涯現役の株式トレード技術

著者：優利加

定価 本体2,800円＋税　ISBN:9784775990285

【ブルベア大賞2006-2007受賞!!】
生涯現役で有終の美を飾りたいと思うのであれば「自分の不動の型＝決まりごと」を作る必要がある。本書では、その「型」を具体化した「戦略＝銘柄の選び方」「戦術＝仕掛け・手仕舞いの型」「戦闘法＝建玉の仕方」をどのようにして決定するか、著者の経験に基づいて詳細に解説されている。

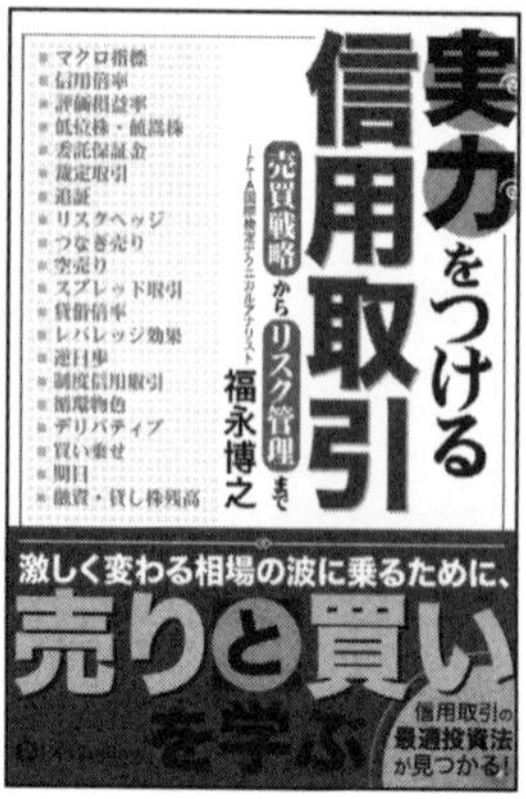

実力をつける信用取引
売買戦略からリスク管理まで

著者：福永博之

定価 本体2,800円＋税　ISBN:9784775990445

【転ばぬ先の杖】
「あなたがビギナーから脱皮したいと考えている投資家なら、信用取引を上手く活用できるようになるべきでしょう」と、筆者は語る。投資手法の選択肢が広がるので、投資で勝つ確率が高くなるからだ。「正しい考え方」から「具体的テクニック」までが紹介された信用取引の実践に最適な参考書だ。

DVD 生涯現役のトレード技術【銘柄選択の型と検証法編】
講師：優利加　定価 本体3,800円＋税
DVD1枚95分収録 ISBN:9784775961582

ベストセラーの著者による、その要点確認とフォローアップを目的にしたセミナー。激変する相場環境に振り回されずに、生涯現役で生き残るにはどうすればよいのか?

DVD 生涯現役の株式トレード技術 実践編
講師：優利加　定価 本体38,000円＋税
DVD2枚組356分収録　ISBN:9784775961421

著書では明かせなかった具体的な技術を大公開。4つの利（天、地、時、人）を活用した「相場の見方の型」と「スイングトレードのやり方の型」とは？　その全貌が明らかになる!!

DVDブック 4つの組み合わせで株がよくわかる テクニカル分析MM法
著者：増田正美　定価 本体3,800円＋税
DVD1枚72分収録　ISBN:9784775961216

MM（マネー・メーキング）法は、ボリンジャーバンド、RSI、DMI、MACDの4つの指標で構成された銘柄選択＋売買法。DVDとテキストを活用して知識を効率的に蓄積させよう！

DVDブック 短期売買の魅力とトレード戦略
著者：柳谷雅之　定価 本体3,800円＋税
DVD1枚51分収録　ISBN:9784775961193

ブルベア大賞2004特別賞受賞。日本株を対象に改良したOOPSなど、具体的な技術はもちろん、短期システム売買で成功するための「考え方」が分かりやすく整理されている。

トレーディングシステムで機械的売買!!

自動売買ロボット作成マニュアル
エクセルで理想のシステムトレード

著者：森田佳佑

定価 本体 2,800円＋税　ISBN:9784775990391

【パソコンのエクセルでシステム売買】
エクセルには「VBA」というプログラミング言語が搭載されている。さまざまな作業を自動化したり、ソフトウェア自体に機能を追加したりできる強力なツールだ。このVBAを活用してデータ取得やチャート描画、戦略設計、検証、売買シグナルを自動化してしまおう、というのが本書の方針である。

ウィザードブックシリーズ11

売買システム入門

著者：トゥーシャー・シャンデ

定価 本体 7,800円＋税　ISBN:9784939103315

【システム構築の基本的流れが分かる】
世界的に高名なシステム開発者であるトゥーシャー・シャンデ博士が「現実的」な売買システムを構築するための有効なアプローチを的確に指南。システムの検証方法、資金管理、陥りやすい問題点と対処法を具体的に解説する。基本概念から実際の運用まで網羅したシステム売買の教科書。

トレードステーション入門
やさしい売買プログラミング

著者：西村貴郁
定価 本体 2,800 円＋税　ISBN:9784775990452

売買ソフトの定番「トレードステーション」。そのプログラミング言語の基本と可能性を紹介。チャート分析も売買戦略のデータ検証・最適化も売買シグナル表示もできるようになる！

ウィザードブックシリーズ 113

勝利の売買システム
トレードステーションから学ぶ実践的売買プログラミング

著　者：ジョージ・プルート、ジョン・R・ヒル
定価 本体 7,800 円＋税 ISBN:9784775970799

世界ナンバーワン売買ソフト「トレードステーション」徹底活用術。このソフトの威力を十二分に活用し、運用成績の向上を計ろうとするトレーダーたちへのまさに「福音書」だ。

ウィザードブックシリーズ 54

究極のトレーディングガイド
全米一の投資システム分析家が明かす「儲かるシステム」

著者：ジョン・R・ヒル／ジョージ・プルート／ランディ・ヒル
定価 本体 4,800 円＋税　ISBN:9784775970157

売買システム分析の大家が、エリオット波動、値動きの各種パターン、資金管理といった、曖昧になりがちな理論を適切なルールで表現し、安定した売買システムにする方法を大公開！

ウィザードブックシリーズ 42

トレーディングシステム入門
仕掛ける前が勝負の分かれ目

著者：トーマス・ストリズマン
定価 本体 5,800 円＋税　ISBN:9784775970034

売買タイミングと資金管理の融合を売買システムで実現。システムを発展させるために有効な運用成績の評価ポイントと工夫のコツが惜しみなく著された画期的な書！

満員電車でも読める！オーディオブックシリーズ

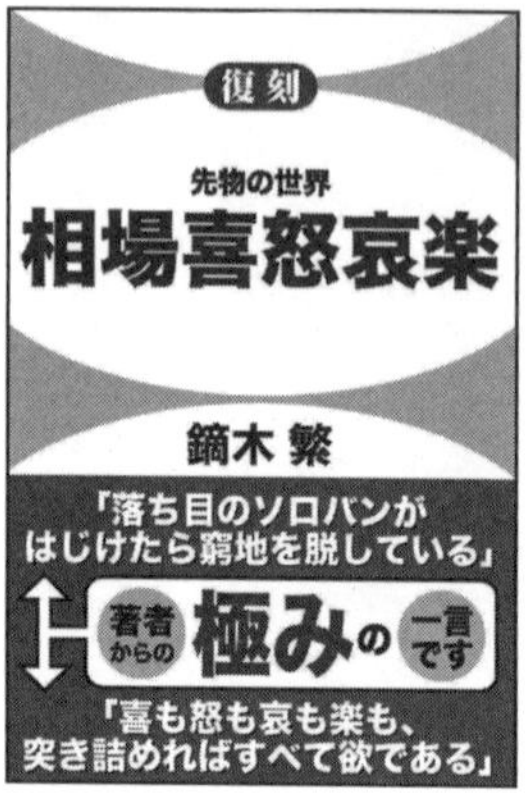

相場喜怒哀楽（全3巻）

著者：鏑木繁

各定価 本体 800 円＋税
各巻 MP3 ファイルまたは CD-R 2 枚組
1 巻 49MB106 分　2 巻45MB97分　3 巻 45MB97分

【相場は徹底的な自己管理の世界】

相場で勝つには常に自己管理、つまり「喜・怒・欲・哀・楽」の感情を厳しく抑制することが求められる。自らも相場で「過酷な経験」をした著者だからこそ説得力のある「感情にまつわる相場教訓」をオーディオブック形式で提供。朗読を説法のように聞くことで、心の鍛錬の機会を広げてほしい。

株式トレーダーへのひとことヒント集

著者：東保裕之

定価 本体 800 円＋税
MP3 ファイル 49MB 105 分

【心得は売買ルール修復の大ヒント】

ベストセラー『株式投資これだけはやってはいけない』の著者である東保裕之氏が投資にあたって覚えておいたほうがよいエッセンスを「ひとこと」で分かりやすく紹介。オーディオブック（音声ファイル）形式なので、満員電車や運転中の車のなかでも「耳で読む」ことが可能だ。

生き残りのディーリング 決定版（全 8 巻）

著者：矢口新　各定価 本体 400円＋税
各巻 MP3 ファイル 32 ～ 38MB 66 ～ 81 分

相場で生き残っていくための知恵を網羅した投資家必読の書がついにオーディオブックに！　通勤電車やバスが日々の投資活動を振り返る絶好の空間に変身する。

魔術師が贈る 55 のメッセージ

定価 本体 800円＋税
MP3 ファイル 35MB 60 分

シュワッガーの名著『マーケットの魔術師』三部作から厳選した珠玉の名言集。「失敗したときに読みたい名言」「教訓として覚えておきたい名言」などがまとめられている。

◎オーディオブックとは

プロの朗読で本の内容を理解する「耳で読むコンテンツ」です。例えば、満員電車で通勤しているとき、ジムで運動しているとき、暗いところで作業しているときなど、文字を目で追うのが難しい時間も読書にあてることができます。また耳で聞くならではの発見やひらめきもあるでしょう。パソコンをお持ちの方は Windows Media プレーヤー、iTunes、Real プレーヤーで簡単に聴取できます。また、iPod などの MP3 プレーヤーでも聴取可能です。

［刊行予定］
- 『マーケットの魔術師』
- 『賢明なる投資家』
- 『規律とトレーダー』
- 『相場で負けたときに読む本～真理編』

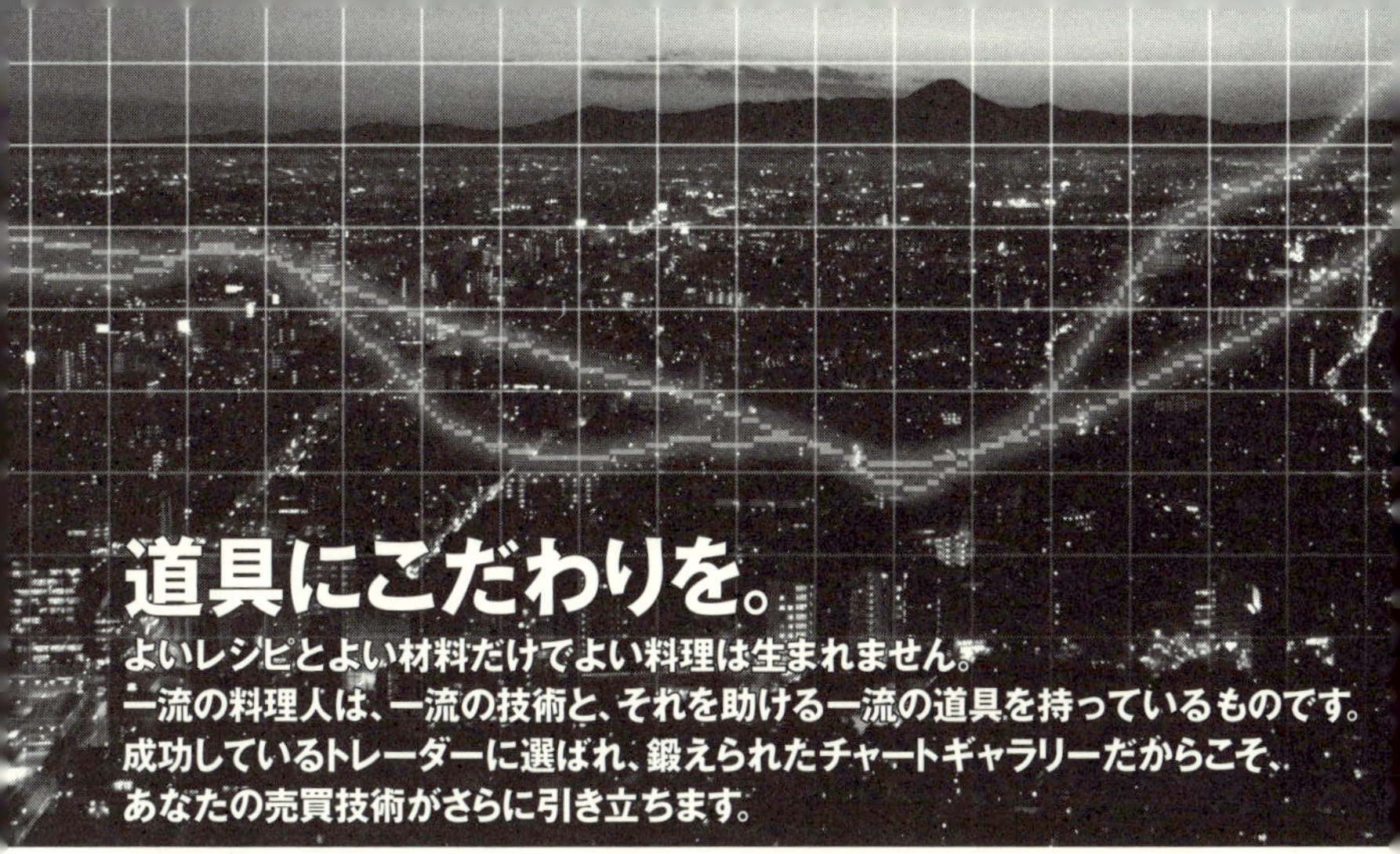

Chart Gallery 3.1 for Windows

Established Methods for Every Speculation

パンローリング相場アプリケーション

チャートギャラリープロ 3.1 定価84,000円（本体80,000円＋税5％）

チャートギャラリー 3.1 定価29,400円（本体28,000円＋税5％）

［商品紹介ページ］http://www.panrolling.com/pansoft/chtgal/

RSIなど、指標をいくつでも、何段でも重ね書きできます。移動平均の日数などパラメタも自由に変更できます。一度作ったチャートはファイルにいくつでも保存できますので、毎日すばやくチャートを表示できます。

日々のデータは無料配信しています。ボタンを2、3押すだけの簡単操作で、わずか3分以内でデータを更新。過去データも豊富に収録。

プロ版では、柔軟な銘柄検索などさらに強力な機能を搭載。ほかの投資家の一歩先を行く売買環境を実現できます。

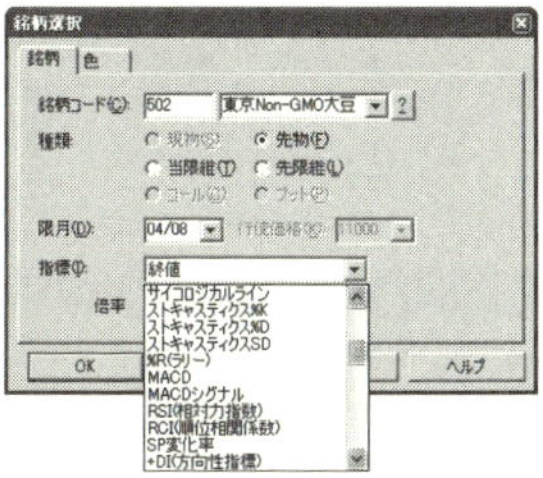

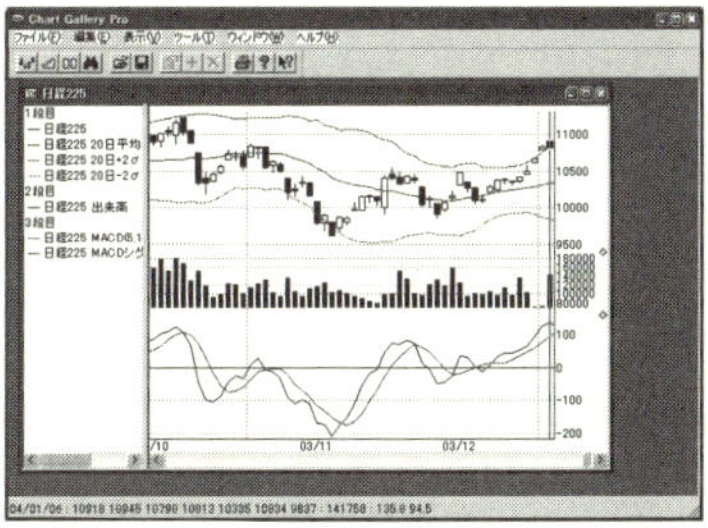

お問合わせ・お申し込みは

Pan Rolling パンローリング株式会社

〒160-0023 東京都新宿区西新宿7-9-18-6F　TEL.03-5386-7391 FAX.03-5386-7393
E-Mail info@panrolling.com　ホームページ http://www.panrolling.com/

相場データ・投資ノウハウ
実践資料…etc

Pan Rolling

ここでしか入手できないモノがある

今すぐトレーダーズショップに
アクセスしてみよう！

1 インターネットに接続して http://www.tradersshop.com/ にアクセスします。インターネットだから、24 時間どこからでも OK です。

2 トップページが表示されます。画面の左側に便利な検索機能があります。タイトルはもちろん、キーワードや商品番号など、探している商品の手がかりがあれば、簡単に見つけることができます。

3 ほしい商品が見つかったら、お買い物かごに入れます。お買い物かごにほしい品物をすべて入れ終わったら、一覧表の下にあるお会計を押します。

4 はじめてのお客さまは、配達先等を入力します。お支払い方法を入力して内容を確認後、ご注文を送信を押して完了（次回以降の注文はもっとカンタン。最短２クリックで注文が完了します）。送料はご注文１回につき、何点でも全国一律 250 円です（1 回の注文が 2800 円以上なら無料！）。また、代引手数料も無料となっています。

5 あとは宅配便にて、あなたのお手元に商品が届きます。
そのほかにもトレーダーズショップには、投資業界の有名人による「私のオススメの一冊」コーナーや読者による書評など、投資に役立つ情報が満載です。さらに、投資に役立つ楽しいメールマガジンも無料で登録できます。ごゆっくりお楽しみください。

Traders Shop

http://www.tradersshop.com/

投資に役立つメールマガジンも無料で登録できます。 http://www.tradersshop.com/back/mailmag/

パンローリング株式会社
お問い合わせは
〒160-0023 東京都新宿区西新宿7-9-18-6F
Tel：03-5386-7391 Fax：03-5386-7393
http://www.panrolling.com/
E-Mail info@panrolling.com

携帯版